백 년의 질문,
베스트셀러 필사노트

김태현

인문학자, 지식 큐레이터로 세상에 존재하는 현명한 지식과 그 방법을 찾아 끊임없이 사유하고 탐구하는 일을 하고 있다. 그동안 수만 권의 독서를 통해 선구자들의 통찰의 힘을 연구해 왔으며 이러한 지식 큐레이션을 바탕으로 삶과 인생 관점의 변화를 통한 삶의 지식과 지혜를 추려내 대중에게 통찰력을 줄 수 있는 메시지를 전달하고 있다. 젊은 시절에 대기업 근무, 사업가, 작가, 대중강연, 대학 출강, 탐험가, 명상가 등 다양한 인생 경험을 하였으며, 대학 및 대학원에서 역사와 철학, 경제학을 공부했다. 저서로 《백 년의 기억, 베스트셀러 속 명언 800》, 《파스칼 인생 공부》, 《타인의 속마음, 심리학자들의 명언 700》, 《스크린의 기억, 시네마 명언 1000》, 《지적교양 지적대화, 걸작 문학작품속 명언 600》 등이 있다.

백 년의 질문, 베스트셀러 필사노트

Wise sayings
of
Best sellers

책 속의 한 줄을 통한 백 년의 통찰

김태원 엮음

RITEC
CONTENTS

필사로부터의 질문

　　우리는 성공적인 인생, 후회 없는 인생을 살기 위해 주변의 이야기를 듣습니다. 어떻게 해야 행복한 삶을 살 수 있는지 후회 없는 선택을 할 수 있는지 끊임없이 고민합니다. 우리는 좀 더 나은 사람이 되기 위해 변화를 모색하고, 변화를 위해서는 꾸준한 영감이 필요합니다. 그리고 세상에 출간된 수천, 수억 권의 책은 우리에게 그러한 영감을 줄 수 있습니다.

　　그동안 수만 권의 책을 읽으면서 저에게 좋은 통찰과 변화의 동기를 부여했던 많은 책이 있습니다. 30분만에 독파한 책도 있었으며, 곁에 두고 책장이 닳을 때까지 읽고 또 읽은 책도 있었습니다. 고민이 생길 때마다 답을 얻기 위해 펼친 책도 있었고, 마음이 지치고 힘들 때 위로를 얻기 위해 마음에 새겨둔 책도 있습니다. 책은 그때 그때의 감정, 상황에 따라 다르게 다가오곤 합니다.

제가 경험했던 많은 고민들, 그리고 그 고민을 해결할 통찰을 제시해 준 책들. 그 수많은 책들 중에서 800권을 선정하여 3년 전 《백 년의 기억, 베스트셀러 속 명언 800》을 출간하여 수만 독자들의 사랑을 받으며, 많은 사람의 책장에 깊은 흔적을 남겼습니다.

그중에서도 가장 많은 공감을 얻은 100여 개의 문장을 선별하여, 《백 년의 질문, 베스트셀러 필사노트》라는 필사노트를 출간하게 되었습니다. 이 책은 단순히 문장을 옮겨 적는 것을 넘어, 삶을 돌아보고 나를 발견하는 소중한 시간을 선물할 것입니다.

삶의 순간마다 우리는 자신을 이해하고, 돌아보고, 한발 더 나아가고 싶어 합니다. 내가 정말 원하는 것은 무엇인지, 어디로 가고 있는지, 나는 누구인지 묻는 시간은 누구에게나 필요하고 소중합니다. 이 책은 그러한 질문들에 대한 답을 찾는 여정에 함께하기 위해 만들어졌습니다.

이곳에 담긴 문장들은 단순히 아름다운 글귀가 아닙니다. 긴 어둠 속에서 한 줄기 빛이 되어준 문장이자, 누군가의 삶을 변화시킨 메시지입니다. 필사를 통해 한 문장 한 문장을 손끝으로 느끼고, 질문에 답하며 깊이 생각하다 보면, 당신은 어느새 스스로를 더 잘 이해하는 자신을 만날 것입니다.

책 속 명언들은 삶의 다양한 순간들을 아우릅니다. 꿈과 목표, 시간과 변화, 관계와 사랑까지……. 우리가 살아오며 한 번쯤 고민해 본 주제들이 다가올 미지의 미래에 대한 불안을 풀어주는 인문학적 통찰과 함께 펼쳐집니다. 책은 시대의 지혜를 담고 있으며, 그 지혜는 백 년의 과거와 백 년의 미래를 잇는 불변의 가치입니다.

이 책이 여러분의 하루에 따스한 쉼표가 되기를 바랍니다. 숨 가쁘게 흘러가는 일상 속에서 잠시 멈춰, 나를 들여다보는 여유가 되고자 합니다. 질문과 답변이 만들어내는 대화 속에서 당신은 자신만의 이야기를 발견하게 될 것입니다.

"필사로부터의 질문, 나를 알아가는 시간"이라는 부제처럼, 이 책은 본문 필사란에 질문을 던짐으로써 여러분이 스스로를 더 사랑하고 신뢰하는 길로 안내합니다. 쓰고, 묻고, 답하는 과정을 통해 당신만의 특별한 여정을 시작하세요.

이제, 당신만의 여정을 시작할 준비가 되셨나요? 이 책이 독자들의 마음속에 오래도록 간직될 문장들과 질문들로 가득 찬 인생의 나침반이 되기를 진심으로 바랍니다.

김태현

CONTENTS

◦ PART 1 ◦
좀 더 느리게 걷다 보면 보이는 것들

좀 더 느리게 걷다 보면
보이는 것들

한 사람이 인생에서 겪는 모든 경험은 그 자체로 소중한 재산입니다. 우리는 그 재산에 행복한 기억만 쌓고 싶어 하지만, 인생은 그렇게 단순하지 않습니다. 행복만이 가득한 나날은 존재하지 않습니다. 대체로 무난하고 평범한 날들이 이어지다가, 때로는 행복이 찾아오고, 때로는 불행이 스며드는 것이 삶의 모습입니다.

이 모든 것을 공평하게 만드는 단 하나의 사실은, 결국 모든 것이 끝난다는 점입니다. 살아 있는 동안 쌓아온 재산은 생이 끝나면 의미를 잃지만, 경험만은 다릅니다. 경험은 추억으로 남고, 우리를 성장시키는 재료가 됩니다. 그러나 이 추억도 그냥 두면 빛을 잃고, 활용해야만 진정한 가치를 발합니다.

불행 속에도 행복의 씨앗은 숨어 있습니다. 주저앉아 버린다면 그 씨앗은 썩어버릴 것입니다. 하지만 다시 일어나 씨앗을 돌본다면, 언젠가 그 안에서 꽃이 피어날 것입니다. 인생은 그렇게 상처 속에서 위안을 찾고, 다시 걸음을 내디딜 힘을 얻는 과정입니다.

미움을 내려놓는 일

#용서 #미움놓기 #마음치유

용서했다고 해서 반드시 화해해야 하는 것은 아니다. 용서는 상대방의 잘못을 인정하는 것이 아니라, 오랫동안 나를 힘들게 했던 내 마음속의 미움을 내려놓는 일이다. 여전히 속상하고 억울한 면이 없지는 않겠지만 용서는 남은 삶을 위해서 할 수 있는 최선의 선택이다.

_한창욱, 『걱정이 많아서 걱정인 당신에게』

"내려놓지 못한 미움을 버리고자 하나요? 그렇다면 어떤 노력을 하고 있나요?"

002

평안함을 찾는 훈련

#자기암시 #마음평안 #내려놓기

긴장을 풀고 편안한 상태에서 자신에게 다음과 같이 말하라. "버리겠어. 내려놓겠어. 모든 긴장감도 내려놓겠어. 모든 두려움을 버리겠어. 모든 분노의 감정을 내버리겠어. 죄책감에서 벗어나겠어. 슬픔도 모두 내려놓겠어. 이제 나는 평화로워. 내 자신이 평화로워. 내 삶도 평화로워. 나는 평안해." 이 훈련을 두세 번 반복하라.

_루이스 L. 헤이, 『치유』

"어떤 감정이 나를 가장 무겁게 하고 있나요?

그 감정을 내려놓는다면 어떤 변화가 생길까요?"

매 순간 찾아내는 보물

#일상의소중함 #마음의보물찾기 #행복한순간들

요즘은 매일이란 바다의 보물섬에서 보물을 찾는 마음으로 매일을 살고 있어 어느 때보다도 행복합니다. 마음의 눈을 크게 뜨고 보니 주변에 보물 아닌 것이 없는 듯합니다. 나 자신의 어리석음으로 이미 놓쳐 버린 보물도 많지만 다시 찾은 보물도 많습니다.

_이해인, 「꽃이 지고 나면 잎이 보이듯이」

"만약 오늘이 내 삶의 마지막 날이라면, 어떤 보물을 기억하고 싶은가요?"

004

나의 민낯을 받아들이기

#자기수용 #자기치유 #내면의평화

먼저 나를 바라봐 주자. 사람은 자신을 알아갈수록 편안하고 자유로워진다. 나를 바라보면 나를 알아가게 된다. 혹 새로이 알게 된 나 자신이 맘에 들지 않아도, 부족해도 그대로 나로서 인정해주자. 그동안 수고했고, 열심히 살아왔다고 인정해주자. 그리고 누군가에게 마음의 상처를 받았다면 그 상처를 싸매 주자.

_이무석, 『30년만의 휴식』

"스스로 인정하지 못했던 자신의 모습 중 어떤 부분을 받아들이고 싶나요?"

쉼표

#휴식 #관계의여유 #삶의호흡

아무리 아름답고 화려한 문장일지라도
호흡이 길면 처지기 마련이다.
그러니 사람과의 관계에도 조급해 말고
자그마한 쉼표를 둘 수 있는 여유를 갖길.

_이정현, 『달을 닮은 너에게』

"서두르지 않고 멈춤을 선택했을 때, 관계는 어떻게 변할까요?"

006

걸으면 보이는 것들

#걷기의자유 #자아발견 #관계의변화

길을 걷는 사람은 잠정적으로 쓰고 있던 가면을 벗어던진다. 오솔길을 걷는 그에게 다른 인물의 모습을 기대하는 사람은 아무도 없기 때문이다. 그래서 길을 걷는 사람은 앞으로 다가올 순간과 스스로 성격을 결정지어야 하는 순간 외에는 어떤 것에도 얽매이지 않는 익명의 존재가 된다. 결코 짧지 않은 시간 동안, 길을 걷는 사람은 자신의 존재를 바꾸고 타인들과 세상과의 관계를 바꾼다.

_다비드 르 브르통, 『느리게 걷는 즐거움』

걷는 동안 가면을 벗고 익명으로 살아보는 것은
자신과 세상을 새롭게 만나는 시간입니다.

"가면을 벗어던지고 온전히 나 자신이 되어본 적이 있나요?

그때의 자유로움은 어떨까요?"

질 수 있는 능력을 길러라

#겸손의힘 #성장의지혜 #인정하는용기

질 수 있는 능력, 다시 말해 남이 옳고 내가 틀렸다고 인정할 수 있는 힘, 이것은 정신적으로 어른이 되지 않은 사람에게는 불가능한 능력입니다. 나이가 들거나 계급이 올라가면, 혹은 세상에 이름이 조금 알려지게 되면 자기도 모르게 교만한 마음이 자랍니다.

_최성현, 『힘들 때 펴보라던 편지』

"자신이 틀렸다고 인정했던 순간들이 있었나요?

  그런 경험이 나에게 어떤 성장을 가져다 줄까요?"

008

미움받을 용기

#자기존중 #행복우선 #미움받을용기

　남의 이목에 신경 쓰느라 현재 자신의 행복을 놓치는 실수를 범해서는 안 된다. 내가 아무리 잘 보이려고 애써도 나를 미워하고 싫어하는 사람은 반드시 있게 마련이니 미움받는 것을 두려워해서는 안 된다. 그 누구도 거울 속의 내 얼굴을 나만큼 오래 들여다보지 않기 때문이다.

_기시미 이치로 · 고가 후미타케, 『미움받을 용기』

"다른 사람의 시선 때문에 내 행복을 포기했던 적이 있나요?

 그때의 기분은 어땠나요?"

PART 2

버림을 통해
채움을 얻는 방법

이 세상에서 우리가 얻는 모든 것은 언젠가 우리 곁을 떠나기 마련입니다. 그것이 돈이나 집, 자동차 같은 물건이든, 지위나 권력, 명예와 같은 것이든, 결국엔 모두 손에서 놓아야 할 것들입니다. 그러나 그것들을 얻고 소유하면서 집착을 품게 되고, 심지어 그것들과 자신을 동일시하기까지 합니다.

삶에서 덧셈만 계속될 수는 없습니다. 언젠가, 어쩌면 여러 번의 뺄셈이 찾아오게 됩니다. 그 순간마다 마치 내 일부를 잃는 것 같은 깊은 상실감에 빠지기도 합니다.

하지만 어떤 것을 잃더라도 원래의 나, 진정한 나는 조금도 달라지지 않습니다. 오히려 그런 뺄셈의 끝에서야 비로소 진정한 나를 만날 수 있습니다. 진정한 만족은 외부의 소유가 아닌 바로 나 자신에게서 비롯됩니다.

009

모든 걸 비워라

#비움의지혜 #주체적인삶 #내면의자유

명심하라. 많은 사람들이 간 길이라고 해도 그 길은 결코 최고의 길이 아니다. 수많은 사람들의 등만 보고 따라 걷다가는 이정표가 사라진 막다른 길을 덜컥 만나게 될 수도 있다. 서머싯 몸의 조언처럼 모든 걸 기꺼이 마다하라. 모든 걸 비워둬라.

_사라 밴 브레스낙, 「혼자 사는 즐거움」

"내가 가고 싶은 길을 위해 오늘부터 실현해나갈 수 있는

 작은 가능성이 있다면, 그것은 무엇인가요?"

경계를 지켜라

#건강한경계 #나를우선하기 #자기존중

당신은 어떤가? 고갈되고 있지는 않은가? 번아웃은 제대로 경계를 지키지 못하고 있다는 분명한 신호이다. 아니, 어쩌면 경계 자체가 없는지도 모른다. 남을 우선순위로 두고 자신은 꼴찌로 챙기는 중일수도 있다. 다음에 또다시 당신의 행복을 포기하고 "아니, 먼저 하세요. 제가 양보할게요."라고 말하게 될 때는 잠시 멈춰라.

_샘 혼, 『오늘부터 딱 1년, 이기적으로 살기로 했다』

"상대방에게 양보하는 상황에서 내가 원해서 하는 선택인지,

사람들의 기대나 압박에 의한 것인지 생각해 본 적이 있나요?"

011

불안 내려놓기

#불안해소 #현재의행복 #마음가짐

여러분이 자꾸 '인생의 목표, 목표'하기 때문에 인생이 괴로운 겁니다. 인생에 의미를 너무 많이 부여하기 때문에 인생이 불안하고 초조하고 괴로운 것입니다. 오늘 아침 한 끼 배부르게 먹었는데 무슨 인생에 불안한 일이 있습니까? 오늘 저녁에 떨지 않고 잘 곳이 있는데 뭐 그리 인생에 불안한 일이 있나요?

_법륜, 『행복한 출근길』

지나친 의미 부여를 내려놓을 때
불안 대신 평온을 얻을 수 있습니다.

"지금 당장 내 삶에서 감사할 수 있는 작고 평범한 일은 무엇인가요?"

자기자신을 내려놓는 시간

#자기비움 #외부에집중 #긍정적사고

    오늘은 조금이나마 자기를 놓아 보내기로 하자. 생각이 자신에게로 되돌아올 때마다 외부의 일에 관심을 기울여보자. 해야 할 일과 다른 사람들이 필요로 하는 것들, 세상에 대한 감사 및 외부 세계에서 일어나는 긍정적인 일들을 생각하자.

_드류 레더, 『나를 사랑하는 기술』

"나 자신을 잠시 내려놓고 다른 사람이나 세상을 바라본다면,

 내 마음은 어떻게 달라질까요?"

013

가짜장미 버리기

#진정성 #삶의본질 #가짜버리기

장미꽃만 피는 세상은 끔찍하다. 가짜 장미로 가득한 세상은 더 끔찍하다. 아무리 장미 흉내를 내고 장미 향수를 뿌려도 가짜는 가짜다. 남을 속이고, 나도 속아 넘어갈 수 있지만 가짜는 결국 가짜다. 가짜로 사는 삶은 허무하다. 자기 삶이 아닌데, 자기 안에 가짜 장미만 있는데 어찌 허무하지 않을까.

_김영권, 『삶에게 묻지 말고 삶의 물음에 답하라』

"자신의 삶 속에서 가짜라고 생각하는 것은 무엇인가요?

 가짜가 된 이유는 무엇인가요?"

고독하게 사유할 시간

#고독의가치 #사유와성찰 #진정한나찾기

    우리는 고독해야 사유할 수 있다. 혼자만의 고독한 시간과 공간이 있어야 비로소 고요히 생각할 마음이 주어진다. 사유를 통해 반성하고 성찰해야 진짜 나를 발견할 수 있다. 그래야 자발적으로 내 몸을 일으키고 나의 주체성을 되찾고 내가 해야 할 일이 무엇인지 계획할 수 있게 된다.

_문성림, 『컨셔스』

"바쁜 일상 속에서도 고독하게 사유할 시간을 만들려면 무엇을 해야 할까요?

고독 속에서 깊이 사색하는 시간을 잘 보내려면 어떻게 해야 할까요?"

015

하루에 하나씩 정리하기

#정리의기술 #행복습관 #하루15분

정리란 내가 좀 더 행복해지기 위한 기술이지요. 여러분도 지금보다 좀 더 행복해지고 싶다면 매일 한 가지씩 정리를 해 보세요. 하루 15분이란 시간은 결코 부담스럽지 않은 시간이며 어느새 정리를 즐기고 있는 나 자신을 발견하게 될 거예요.

_심지은, 「1일 1정리」

하루 15분씩 정리하는 습관이
나를 더 행복하게 만듭니다.

"정리하고 싶은 물건이나 생각 중 지금 하나를 선택한다면,

 무엇을 정리하고 싶나요?"

너무 애쓰며 살지는 말자

#비움의미학 #소중한것에집중 #마음의여유

버리고 비우기의 최고 경지는 '욕심과 집착을 내려놓는 것'이라고
한다. 우리가 비워야 할 것은 물건만이 아닌 것 같다. 미래에 대한 걱정,
욕심, 집착. 이것들을 모두 버리고 소중한 것만 지니고 살아가고 싶다.

_야마구치 세이코, 『버리고 비웠더니 행복이 찾아왔다』

"욕심과 집착을 내려놓고 싶지만 쉽게 내려놓지 못하는 이유는 무엇인가요?

 그것이 어떤 의미이기 때문에 내려놓지 못하나요?"

PART 3

지친 마음을 보듬어주는
책 속의 한 줄들

어딘가 마음이 텅 빈 것처럼 허전할 때, 세상에서 가장 외롭다고 느낄 때, 당신을 가장 쉽게 위로할 수 있는 곳은 어디일까요? 손 닿는 거리에 꽂혀 있는 책 한 권이야말로 언제든 당신을 따스하게 맞아 줄 준비가 되어 있습니다. 좋은 책은 어렵고 힘든 순간에도 등을 돌리지 않으며, 말없이 당신 곁에 머뭅니다.

요즘 '위로'와 '공감'을 이야기하는 책들이 많은 사랑을 받는 이유는 너무나 많은 사람이 보이지 않는 불행과 싸우며 자신을 품어줄 한 줄의 문장을 간절히 기다리고 있기 때문입니다. 책과 친구가 되어보세요. 그 책의 작가와 마음을 나누고, 공감과 교감의 다리를 놓아보세요. 책에서 얻은 따스함은 당신의 마음을 채우고, 그것을 다른 이들과 나누는 순간 책의 가치는 배가 됩니다.

누군가가 위로를 받고 싶어 할 때, 당신이 누군가를 위로해주고 싶을 때, 한 권의 책과 그 속의 문장은 끝없는 품으로 다가올 것입니다. 책 속의 한 줄은 당신을 따스하게 안아주는 친구가 되어줄 것입니다.

017

글은 머리와 가슴에 새겨지는 것

#글귀의위안 #삶의치유 #마음의꽃

글은 여백 위에만 남겨지는 게 아니다. 머리와 가슴에도 새겨진다. 마음 깊숙이 꽂힌 글귀는 지지 않는 꽃이다. 우린 그 꽃을 바라보며 위안을 얻는다. 때론 단출한 문장 한 줄이 상처를 보듬고 삶의 허기를 달래기도 한다.

_이기주, 『언어의 온도』

"마음속에 깊이 새겨져 잊히지 않는 글귀가 있나요?

  그 문장이 나에게 어떤 위안을 주었나요?"

어떤 말은 마음속에 살아 남는다

#따뜻한말 #말의힘 #마음속메시지

나는 타인에게 별생각 없이 건넨 말이 내가 그들에게 남긴 유언이 될 수 있다고 믿는다. 그래서 같은 말이라도 조금 따뜻하고 예쁘게 하려 노력하는 편이다. 말은 사람의 입에서 태어났다가 사람의 귀에서 죽는다. 하지만 어떤 말들은 죽지 않고 사람의 마음속으로 들어가 살아남는다.

_박준,『운다고 달라지는 일은 아무것도 없겠지만』

말은 마음속에 살아남아
사람의 삶에 깊은 흔적을 남깁니다.

"내가 타인에게 했던 말 중 혹시 상처를 주었던 말이 있었나요?

그때 상대의 느낌은 어땠을까요?"

019

희망은 절망 속에서 피는 꽃

#희망 #절망속꽃 #그럼에도불구하고

'예쁘지는 않지만 사랑스러운' 앤의 그 말을 주머니 속에 넣고 다니고 싶다. 기다리고 고대하는 일들은 좀처럼 일어나지 않는 게 실제 우리의 하루다. 하지만 그럴 때 앤의 말을 꺼내 보면 알게 되는 게 있다. 희망이란 말은 희망 속에 있지 않다는 걸. 희망은 절망 속에서 피는 꽃이라는 걸. 그 꽃에 이름이 있다면, 그 이름은 아마 '그럼에도 불구하고'일 거라고.

_백영옥, 『빨강머리 앤이 하는 말』

"절망 속에서 희망을 느껴본 적이 있나요?

그 순간 나를 지탱해준 것은 무엇이었나요?"

나를 미워하지 않는 연습

#자기수용 #자기사랑 #자기연습

내 인생에 굴곡이 몇 번 있었지만 내 모습을 잃지 않을 수 있었던 건 나를 미워하지 않는 자세 때문이었다. 내가 나를 사랑해야 한다는 말이 어렵게 느껴진다면, 내가 나를 어떻게 사랑해야 하는지 모르겠다면, 내가 나를 미워하지 않는 연습부터 하자.

_조유미, 『나, 있는 그대로 참 좋다』

"나를 미워했던 순간이 있었나요? 그때의 감정은 나에게 어떤 영향을 미쳤나요?

　미워했던 감정을 어떻게 극복했나요?"

021

무엇이 되지 않아도 괜찮아

#자기수용 #현재에충실 #자기돌봄

　근래 깨달은 것이 하나 있기를, 나는 평생 무엇이 되고 싶어 했다는 것이다. 이제 그 마음을 놓을 수 있겠다는 생각이 든다. 무엇이 되지 않아도 괜찮다고. 지금 할 수 있는 일을 착실히 해나가겠다고. 더 이상 무엇이 되지 못해 괴로워하지 않고 '나'를 잘 살겠다고.

_도대체, 『일단 오늘은 나한테 잘합시다』

무엇이 되지 않아도 괜찮으니,
지금 나로 잘 살아가는 것이 중요합니다.

"무엇이 되어야 한다라는 생각을 하게 된 이유가 무엇이라고 생각하나요?"

조건 없는 사랑을 하라

#조건없는사랑 #자기존중 #있는그대로아름답다

내가 존재한다는 사실 자체만으로도 나는 조건 없는 사랑을 받을 자격이 있었다. 이 사랑을 받기 위해 내가 뭔가를 '할' 필요가 전혀 없다는 것을 깨달았다. 기도도 간청도 그 밖에 어떤 것도 할 필요가 없었다. 나는 내가 나를 한 번도 사랑해 주지 않았고, 내 자신을 가치 있게 여기지 않았으며, 내 영혼이 얼마나 아름다운지 알아봐 주지도 않았음을 깨달았다.

_아니타 무르자니, 『그리고 모든 것이 변했다』

"나는 지금까지 나 자신을 있는 그대로 사랑해 본 적이 있나요?

혹시 내가 사랑받기 위해 무언가를 증명해야 한다고 생각한 적은 없나요?"

023

꽃을 피우리라는 믿음

#계절의순환 #희망의믿음 #꽃피는삶

아직 나의 계절이 오지 않았을 뿐, 시간은 계속 흘러가고 계절은 계속 바뀌어 간다. 차디찬 겨울이 지나면 따뜻한 봄이 오고 꽃을 피우듯, 언젠가 나의 계절에서 꽃피울 때 가장 아름다운 꽃을 피우리라는 믿음 하나만으로도 오늘을 살아가는 데 부족함이 없다.

_지민석, 『어른아이로 산다는 것』

"내 인생에서 가장 아름다운 꽃을 피울 날이 온다면, 그 꽃은 어떤 모습일까요?"

사랑의 현실

#사랑과환상 #사랑의아이러니 #현실보다강한감정

사랑에 빠진 사람은, 제아무리 똑똑한 사람도 자기의 사랑이 끝날 것임을 깨닫지 못한다. 환상임을 알지만 사랑은 환상에 구체성을 부여해 준다. 사랑하는 이는 사랑이 아무것도 아님을 알면서도 사랑을 현실보다 더 사랑한다.

_서머싯 몸, 『달과 6펜스』

"나는 사랑을 할 때, 현실적인 부분과 감정적인 부분 중 어느 쪽에 더 영향을 받나요?

내 감정이 만들어낸 환상과 실제 현실을 구분할 수 있나요?"

PART 4

픽션으로
세상을 보다

내가 가진 지식을 다른 사람과 나눈다고 해서 내 안의 지식이 줄어들지 않습니다. 사랑도 마찬가지입니다. 내 안의 사랑을 다른 이에게 베푼다고 해서 그 사랑이 고갈되거나 사라지는 일은 없습니다.

오히려 사랑은 나눌수록 더 풍성해지고 깊어지는 마법 같은 감정입니다. 사랑하고 사랑받는 것이야말로 이 세상에서 가장 큰 행복입니다.

소설 속 주인공들은 두려움 없이 사랑하고, 깊이 사유합니다. 우리는 그들을 통해 진정한 사랑의 모습과 인생의 의미를 배웁니다. 살면서 경험하지 못했던 사랑과 감정을 소설을 통해 배우는 일은, 우리에게 인생을 바라보는 새로운 관점을 선사하는 귀한 기회가 됩니다. 소설 속 주인공들의 이야기를 따라 마음껏 사랑하고, 그들의 경험 속에서 삶의 다양한 빛깔을 느껴보는 것은 삶을 풍요롭게 만드는 아름다운 여정입니다.

025

백지의 가능성

#무한한가능성 #자유로운선택 #스스로를믿기

백지이기 때문에 어떤 지도라도 그릴 수 있습니다. 모든 것이 당신 하기 나름인 것이지요. 모든 것에서 자유롭고 가능성은 무한히 펼쳐져 있습니다. 이것은 멋진 일입니다. 부디 스스로를 믿고 인생을 여한 없이 활활 피워보시기를 진심으로 기원합니다.

_히가시노 게이고, 『나미야 잡화점의 기적』

"내 안의 가능성을 믿고 선택했던 순간이 있었나요?

　그 결과는 어떤 모습이었나요?"

나는 날마다 싸운다

#내면의싸움 #삶의고통 #존재의의미

나는 싸우고 있습니다. 날마다 혼자서 싸웁니다. 살아남았다는, 아직도 살아 있다는 치욕과 싸웁니다. 내가 인간이라는 사실과 싸웁니다. 오직 죽음만이 그 사실로부터 앞당겨 벗어날 유일한 길이란 생각과 싸웁니다.

_한강, 「소년이 온다」

삶의 치열함 속에서도
인간으로 살아가는 싸움은 계속됩니다.

"우리가 죽음보다 삶을 선택해야 하는 이유는 무엇일까요?"

027

모든 것은 그저 지나간다

#지나감의철학 #행복과불행 #삶의진리

지금 저에게는 행복도 불행도 없습니다. 모든 것은 지나간다는 것. 제가 지금까지 아비규환으로 살아온 소위 '인간'의 세계에서 단 한 가지 진리처럼 느껴지는 것은 그것뿐입니다. 모든 것은 그저 지나갈 뿐입니다.

_다자이 오사무, 『인간 실격』

"모든 것은 지나간다는 말이 진리처럼 느껴졌던 순간이 있었나요?"

예기치 못한 슬픔

#사랑과상실 #예기치못한슬픔 #배움과치유

어떤 진리로도 사랑하는 것을 잃은 슬픔을 치유할 수 없다. 우리
는 그 슬픔을 다 슬퍼한 다음 거기에서 뭔가를 배우는 것뿐이고 그렇
게 배운 무엇도 또다시 다가올 예기치 못한 슬픔에는 아무런 소용이
없다.

_무라카미 하루키, 『노르웨이의 숲』

"슬픔을 견디는 자신만의 방법은 무엇인가요?"

029

죽음은 우리를 홀로 남겨놓는다

#죽음과두려움 #홀로남겨짐 #이별의공포

우리는 죽음 자체를 두려워하지만, 대부분은 죽음이 우리 자신보다 다른 사람을 데려갈지 모른다는 사실을 더 두려워한다. 죽음에 대해 갖는 가장 큰 두려움은, 죽음이 언제나 자신을 비껴가리라는 사실이다. 그리하여 우리를 홀로 남겨놓으리라는 사실이다.

_프레드릭 배크만, 『오베라는 남자』

죽음은 사랑하는 이와의 이별로
우리를 홀로 남겨놓는 두려움을 안겨줍니다.

"사랑하는 사람을 잃을지도 모른다는 두려움을 느낀 적이 있나요?

 그 감정을 어떻게 극복하면 좋을까요?"

괴로움보다 큰 행복을 위해서

#행복과괴로움 #떠남의미소 #빛과속도

떠나겠다고 대답할 때 그는 내가 보았던 그의 수많은 불행의 얼굴
들 중 가장 나은 미소를 짓고 있었지. 그때 나는 알았어. 우리는 그곳
에서 괴로울 거야. 하지만 그보다 많이 행복할 거야.

_김초엽, 『우리가 빛의 속도로 갈 수 없다면』

괴로움 속에서도 행복을 기대하며
미소 지을 수 있다는 것은 큰 깨달음입니다.

"고통이 예상되더라도 행복을 위해 나아가기로 결심했던 때는 언제인가요?"

031

벗어나기 위해 떠나다

#삶의고달픔 #새로운시작 #벗어남의용기

고달픈 삶을 벗어난들 더 나은 삶이 있다는 확신은 누구에게도 없다. 그러나 사람들은 떠난다. 더 나은 삶을 위해서라기보다 지금의 삶에서 벗어나기 위해서. 아무 확신도 없지만 더이상 지금 삶에 머물러 있지 않아도 된다는 것 때문에 떠나는 이의 발걸음은 가볍다.

_은희경, 『새의 선물』

"지금의 삶에서 벗어나고 싶다고 느낄 때, 나는 무엇을 가장 갈망하나요?"

행복이란 웅장한 것이 아니다

#소박한행복 #일상의만족 #행복의본질

만족한 상태는 불우한 환경에 대한 멋진 투쟁의 찬란함도 없고, 유혹에 대한 저항 그리고 격정이나 회의가 소용돌이치는 숙명적인 패배의 화려함도 전혀 없습니다. 행복이란 전혀 웅장하지 못하니까요.

_올더스 헉슬리, 「멋진 신세계」

"나는 행복을 특별하고 거창한 순간에서만 찾고 있지는 않나요?

내 일상 속에서 조용히 나를 만족시키는 작은 순간들은 무엇이 있을까요?"

PART 5

역사도 인생도
똑같이 반복한다

인생은 언제나 선택의 기로에서 우리를 기다립니다. 과거를 알아야 현재를 헤쳐나갈 힘을 얻고, 미래를 살아갈 용기를 가질 수 있습니다. 단 한 번의 선택으로 우리의 인생을 새롭게 만들 수 있습니다. 그러기에 현명한 선택을 위해서는 역사의식을 갖추는 것이 무엇보다 중요합니다. 역사는 과거의 사람들에게 던졌던 질문을 오늘날 우리에게도 조용히 건넵니다. 역사를 배우는 일은 단지 과거를 기억하는 것이 아니라, 그 안에서 길을 찾고 삶의 답을 만들어가는 일입니다.

역사의 진정한 쓸모는 과거의 선택과 그 결과를 배우고, 이를 바탕으로 더 나은 미래를 만들어가는 데 있습니다. 책 속에는 인류가 걸어온 발자취가 담겨 있습니다. 인간의 발견과 세대를 통해 축적된 지혜가 가득합니다. 우리 앞에 놓인 미래가 불확실하고 불안할 때, 우리를 붙잡아 줄 수 있는 것은 과거로부터 전해지는 깊은 통찰과 교훈입니다.

역사를 통해 세상의 흐름을 배웁니다. 그 흐름 속에서 인생의 방향을 잡고 꾸려나갈 힘을 얻습니다. 역사의 지혜는 삶을 풍요롭게 만들어주는 나침반입니다. 과거의 이야기는 멈춘 것이 아닙니다. 그것은 여전히 살아 숨 쉬며 오늘의 우리를 비추는 빛이 됩니다.

033

스스로 적응하지 못하는 동물

#자연과인간 #지구온난화 #환경위기

문제는 사람이다. 자연은 스스로 적응하지만 사람은 그렇지 못한다. 인구는 여전히 늘어나고, 그 많은 인구가 끊임없이 땅을 혹사하고 있다. 게다가 지구 온난화라는 암초가 있다. 사막화를 늦추는 노력에 찬물을 끼얹으면서 지구는 점점 더 더워지고 있다.

_장 크리스토프 빅토르, 『아틀라스 세계는 지금』

자연은 스스로 적응하지만,
인간의 무책임은 환경을 위기로 몰아가고 있습니다.

"나는 자연과 조화를 이루며 살아가기 위해 어떤 노력을 하고 있나요?"

신분에 따른 사회적 역할

#노블레스오블리주 #사회적역할 #역사

물론 노블레스 오블리주를 실천하는 참다운 귀족은 높이 찬양받아 마땅하지만, 근원을 보면 그 고귀한 정신은 귀족 개인의 용기에서 비롯된 게 아니라 신분에 따라 사회적 역할이 주어진 역사에 바탕을 두고 있다.

_남경태, 『역사』

"내가 속한 위치나 역할에서 사회에 기여할 수 있는 것은 무엇인가요?"

역사를 통해 나의 존재를 지키다

#역사의교훈 #잘내려오는법 #존재의격

역사에서 위인으로 평가받는 사람들은 정상에서 배회한 사람들이 아닙니다. 물러나야 할 때 물러날 줄 알고, 잘 내려온 사람들이지요. 우리는 역사를 통해 '잘 내려오는 법'을 배워야 합니다. 이를 통해 나의 존재, 나의 격을 지킬 수 있으니까요.

_최태성, 『역사의 쓸모』

"역사 속 인물들처럼 잘 내려오는 법을 배운다면,

나는 어떤 상황에서 이를 적용할 수 있을까요?"

036

관용의 중요성

#관용의힘 #제국의쇠퇴 #다양성의중요성

모든 초강대국들에게 관용은 패권을 장악하는 데 없어서는 안 될 필수 불가결한 요소였다. 제국의 쇠퇴는 불관용과 외국인 혐오, 그리고 인종적, 종교적, 민족적, '순수성'에 대한 촉구와 함께 시작되었다.

_에이미 추아, 『제국의 미래』

관용은 패권과 성장을 가능케 하는
필수적인 요소입니다.

"인생에서 관용을 베풀지 못한 경험이 있었나요? 그때 어떤 교훈을 얻었나요?"

역사란 무엇인가

#역사의이해 #시각과해석 #왜곡과진실

    후세인들이 이해하는 역사란 종이더미에 묻힌 채 침침해진 눈으로 세상을 바라본 저자의 묘사에 지나지 않는다. 역사란 그저 그들의 눈에 비친 삶의 아름다움과 애수일 뿐인 것이다. 게다가 생생히 살아 숨 쉬는 사실조차도 저자의 도덕적 수치심으로 인해 혹은 정치의 칼날로 인해 왜곡될 수 있다.

_바이하이진, 『여왕의 시대』

역사는 저자의 시각에 비친 삶의 아름다움과 애수이며,
때로는 왜곡될 수도 있습니다.

"현재 우리가 만들어가는 역사는

어떤 시각으로 후세에 전해질지 고민해 본 적이 있나요?"

038

그대의 소유와 존재

#소유와존재 #삶의본질 #내적성장

그대의 존재가 적으면 적을수록, 그대가 그대의 삶을 덜 표출할수록, 그만큼 그대는 더 많이 소유하게 되고, 그만큼 그대의 소외된 삶은 더 커진다.

_에리히 프롬, 『소유냐 존재냐』

소유에 집착할수록

존재는 희미해지고, 삶의 소외는 커집니다.

"내가 더 많이 존재하기 위해 지금 덜어내야 할 소유는 무엇인가요?"

성숙한 인간

#성숙한태도 #삶의지혜 #고귀한삶

    미성숙한 인간의 특징이 어떤 이유를 위해 고귀하게 죽기를 바라는 경향이 있다는 것이다. 반면 성숙한 인간의 특징은 동일한 상황에서 묵묵히 살아가기를 원한다는 것이다. … 어떤 것들은 계속 그 자리에 두어야만 한다. 저렇게 유리 진열장 속에 가만히 넣어두어야만 한다. 불가능한 일이라는 걸 잘 알고는 있지만, 그것이 불가능하다는 사실이 너무나도 안타깝다.

_제롬 데이비드 샐린저, 『호밀밭의 파수꾼』

"불가능하지만 놓지 못했던 것이 있다면,

 그것은 무엇이며 그에 대한 마음은 어땠나요?"

040

분할된 형태로의 의식 발전

#종교적욕구 #좌뇌의식 #의식발달

　신비적 형태든 진화적 형태든, 종교적 욕구는 좌뇌 의식의 한계를 벗어나기 위한 인간의 시도로 볼 수 있다. 인류는 모든 동물 중 유일하게 세부적인 것에 집중할 수 있기 위해 이러한 분할된 형태의 의식을 발달시켰다.

_콜린 윌슨, 『인류의 범죄사』

분할된 형태의 의식은 인간이 세부적인 것에 집중하고
좌뇌의 한계를 넘기 위한 도구입니다.

"내 삶에서 좌뇌의 한계를 넘어설 만큼

신비한 경험을 한 적이 있나요? 어떤 경험인가요?"

PART 6

미래를 움직이는
인문학

인문학(人文學)은 그 이름 그대로 사람을 탐구하는 학문입니다. 인간의 삶과 본질, 인간다움의 근원을 깊이 들여다보는 인문학은 우리 내면을 풍요롭게 하고 세상을 더 넓게 바라보는 힘을 길러줍니다. 기술이 세상을 지배하는 시대이지만, 결국 사람 중심의 세상이 다시 올 것입니다. 사람들은 언제나 "어떻게 살아야 더 의미 있고 풍요로운 삶을 살 수 있는가?"라는 질문을 품고 있기 때문입니다.

최고의 자리에 오른 CEO들이 인문학 도서를 손에서 놓지 않는 이유도 여기에 있습니다. 그들은 인문학이 현명한 삶을 설계하고, 중요한 순간에 통찰력 있는 결정을 내리는 데 필요한 힘을 준다는 사실을 알고 있기 때문입니다. 기술로 모든 것이 설명되지 않는 복잡한 세상 속에서, 인간다움을 이해하고 탐구하는 인문학은 우리 삶의 나침반이 됩니다.

인문학이 가진 통찰력은 우리의 삶을 창조적으로 바꾸는 원동력이 됩니다. 그것은 단순히 책 속에서 끝나는 지식이 아니라, 현실을 살아가는 우리의 마음과 생각의 폭을 넓히고 깊게 만드는 거대한 힘입니다. 인문학을 배우고 느끼는 과정에서 더 인간적인 삶, 더 풍요롭고 의미 있는 삶으로 나아갈 수 있습니다. 인문학은 현재를 비추고, 미래를 움직이는 강력한 등불입니다.

041

문제에 삶의 의미가 담겨 있다

#문제의의미 #삶의과정 #문제해결

현명한 사람들은 문제를 두려워하지 않는다. 사실 문제를 환영한다. 문제에 부딪치고 해결하는 전 과정이야말로 삶의 의미가 담겨 있기 때문이다.

_M. 스캇 펙, 『아직도 가야 할 길』

"직면해보니 사실 아무것도 아니었던 경험이 있나요?

 그 뒤로 어떤 생각의 변화가 생겼나요?"

나의 의지와 이데올로기

#의지 #이데올로기 #문화적표본

내가 나의 의지, 나의 사상 그리고 나의 열정의 산물이라고 생각했던 것들이 알고 보니, 이데올로기와 각종 문화적인 표본이 반영된 결과물에 지나지 않을 수 있는 것이다.

_리하르트 다비트 프레히트, 『나는 누구인가』

나의 의지와 사상은
이데올로기와 문화적 영향의 반영일 수 있습니다.

"나를 형성한 문화적 표본이나 사회적 영향이 무엇인지

돌아본다면 어떤 모습인가요?"

043

돈의 의미

#해방 #평등 #돈

자본주의는 개인을 해방시켰다. 자본주의는 인간을 협동적인 조직체로부터 해방시켜 자기 운명을 스스로 개척해 나갈 수 있게 했던 것이다. 이제 인간은 자기 운명의 주인이 되어 위험도 이득도 모두 그의 것이 되었다. 개인적인 노력을 통해 인간은 성공할 수도, 경제적으로 독립할 수도 있게 되었다. 이러한 과정에서 돈은 인간을 평등하게 만드는 위대한 것이 되었으며, 출신과 계급보다도 한층 더 강력한 것이 되었다.

_에리히 프롬, 「자유로부터의 도피」

"돈이 지금의 나에게 자유와 평등의 기회를 제공할까요?

당신에게 돈이란 어떤 의미인가요?"

나의 약점을 받아들이기

#취약함 #공감 #고립

    자신의 취약함과 고통을 인정하지 않고서는 다른 사람의 취약함과 고통에 공감할 수 없다. 스스로 영혼을 가두고 본성을 묶어놓은 상태에선 세상에 참여하는 의미 있는 표현을 할 수 없다. 그런 사람은 자신의 페르소나에 갇힌 수인이다. 그런 상태에서는 어느 누구도 진정한 그의 모습을 알 수 없고 그와 의미 있는 관계를 맺을 수 없다. 고립되고 추방당한 사람과 다름없는 신세가 되는 것이다.

_제러미 리프킨, 『공감의 시대』

"내 약점이나 고통을 인정하지 못했던 순간이 있었다면,

　그로 인해 어떤 어려움을 겪었나요?"

045

영원히 존재하는 것

#이성 #비물질 #영혼

첫 번째 형상은 영원하며 비물질적 존재다. 두 번째 이성은 형상을 이해할 수 있다. 세 번째 영원하며 비물질적인 존재만이 영원하며 비물질적인 존재를 이해할 수 있다. 네 번째 그러므로 이성은 영원하며 비물질적인 존재이다. 다섯 번째 이성이 비물질적인 존재라는 것은 곧 영혼이라는 의미다. 여섯 번째 그러므로 영혼은 영원히 존재한다.

_셸리 케이건, 『죽음이란 무엇인가』

영혼은 비물질적이며 영원히 존재하는
이성의 본질입니다.

"사람에게 영혼이 존재한다고 믿나요? 각 믿음에 대한 이유는 무엇인가요?"

삶에 생동감을 주는 즐거움을 위해

#강요 #노예탈출 #즐거움

밖에서 오든 안에서 오든 우리는 '해야만 한다'나 '하지 않으면 안된다'와 같은 강요에 굴복하게 되어 있지 않다. 왜냐하면 우리 인간은 노예가 되기 위해 태어난 것이 아니기 때문이다. 만일 우리가 이런 강요에 복종하고 그에 따라 행동한다면 그 행동에는 우리 삶에 생동감을 주는 즐거움이 없다.

_마셜 B. 로젠버그, 『비폭력대화』

"하기 싫은 일을 극복하고 이뤄낸 적이 있나요? 그때의 기분은 어땠나요?"

047

현실을 살아가는 것

#현실 #눈뜸 #깨달음

눈을 뜨고 있어도 보지 못하는 사람이 있다. 현실에 발붙이고 있으면서도 현실을 살아가지 못하고 현실 너머의 그 무엇에 정신을 쏟는 사람이 있다. 혹시 내가 그런 사람은 아니었을까. 여행을 마치고 돌아왔을 때, 나는 처음으로 눈을 떴다. 그리고 내가 지금까지 대지 위에 발을 딛고 있었음을 깨달았다.

_채사장, 『열한 계단』

"현실 너머의 무언가에만 몰두하느라 지금의 현실을 놓치고 있던 적이 있었나요?"

운명을 믿을 것인가 기회를 믿을 것인가

#꿈 #재능 #기회

우리는 누구나 꿈을 간직하고 있다. 마음속 깊은 곳에서 울려 나오는 소리에 귀를 기울여보라. "나는 남다른 재능을 가지고 있어. 나는 뭔가 남들과 달라. 특별한 방식으로 사람들을 감동시킬 수 있고, 세상을 멋진 곳으로 만들 수도 있어." 변화를 원하지 않는 사람은 운명이 있다고 믿고, 변화를 원하는 사람은 기회가 있다고 믿는다.

_토니 로빈스(앤서니 라빈스), 『네 안에 잠든 거인을 깨워라』

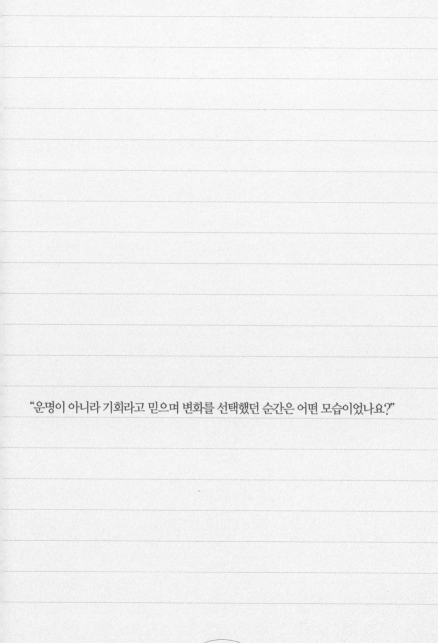

"운명이 아니라 기회라고 믿으며 변화를 선택했던 순간은 어떤 모습이었나요?"

PART 7

꿈과 목표는
어떻게 인생을 바꾸나

세상에 우연은 없습니다. 모든 것은 우리의 생각이 만들어낸 결과입니다. 생각은 에너지가 되고, 에너지는 파장을 만들어냅니다. 그리고 그 파장은 같은 파장을 끌어당기는 법입니다. 이 원리를 흔히 '끌어당김의 법칙'이라 부릅니다. 그렇다면 우리가 진정으로 바라는 것들을 삶으로 끌어들이기 위해서는 무엇을 해야 할까요? 답은 단순합니다. 생각과 마음이 온전히 그 바람과 하나가 되어야 합니다. 가장 많이 생각하는 것이 결국 우연처럼 우리 앞에 나타나게 될 테니 말입니다.

삶을 더 나아지게 만들기 위해 배우고 익히는 자기혁신과 자기계발의 모든 과정은 올바른 목표와 꿈이 있을 때 비로소 빛을 발합니다. 꿈이란 단순한 바람이 아니라 삶의 방향을 제시하는 나침반입니다. 목표란 단순한 지점이 아니라 도전과 성장을 이끄는 원동력입니다. 우리를 앞으로 나아가게 하는 이들은 단지 이상이 아닌 현실로 만들어야 할 미래입니다.

우리가 품은 꿈과 목표는 우리 삶의 그림을 그리는 붓입니다. 그 붓이 만들어낼 세상은 온전히 우리의 손에 달려 있습니다. 진정으로 원하는 것을 생각하고, 그것을 믿고, 그것과 하나가 되세요. 세상은 그 순간부터 우리의 꿈과 목표를 실현하기 위해 움직이기 시작할 것입니다. 꿈과 목표는 인생을 바꾸는 마법과 같은 힘입니다.

049

나에게 가장 중요한 것을 찾아라

#가장중요한것 #제한된시간 #미래

　만약 당신이 진로나 관계에서 갈림길에 서 있다면, 돈이나 중독 문제로 어려움을 겪고 있다면, 아니면 건강 관리에 애를 먹고 있다면, 나에게 가장 중요한 게 무엇인지 정의하는 것에서부터 변화의 여정은 시작됩니다. 이 땅에서의 시간은 제한적이에요. 당신은 주어진 시간 동안 무엇을 할 건가요? 쉬지 않고 펼쳐지는 소중한 미래를 어떻게 보낼 건가요?

_오프라 윈프리, 『언제나 길은 있다』

"제한된 시간 속에서 내가 이루고 싶은 가장 큰 목표는 무엇인가요?"

내가 누구인지 알아가는 시간

#배움과성장 #타인과의연결 #열정

많은 사람들이 '자신의 열정을 따르라'는 클리셰를 믿는다. 이건 끔찍한 조언이다. 자신에게 어떤 재능이 있는지는 쉽게 파악할 수 있는 게 아니니까. 배움과 성장을 추구하면서 타인과의 연결을 통해 내가 누구인지를 알아나가는 방법이 지혜롭다. 그러다 보면 귓가에 열정이 다가와 '이제 준비됐어'라고 속삭일 것이다. 열정이 나를 따르게 해야 한다.

_팀 페리스, 『지금 하지 않으면 언제 하겠는가』

"내 열정을 찾아야 한다는 강박 대신,

내가 지금 즐기며 배우고 있는 것은 무엇인가요?"

051

막연한 희망이 아닌 오늘

#과거집착 #막연한희망 #충실한오늘

지금 이 순간을 즐기지 못하는 사람은 과거의 생활습관, 편리함, 안주, 그리움, 퇴행심리가 있다 보니 과거에 집착하고 과거에서 못 벗어난다. 그리고 그것이 결심의 발목을 잡게 된다. 미래에 대한 막연한 희망도 마찬가지다. 막연한 희망이란 '마지막 순간이 되면 잘될 거야, 엄청난 괴력을 발휘할 거야.'라는 착각을 일으키지만, 이런 막연한 희망이 아니라 하루하루를 알차게 충실하게 보내면서 준비된 미래는 다르다.

_최창호, 『결심중독』

"막연한 희망에 의존했던 순간이 있었다면,

그로 인해 놓쳤던 기회는 무엇이었나요?"

인생은 하나의 실이다

#창조와파멸 #인생의실 #환경

인생은 본인 자신이 창조하거나 망치는 것이지, 이웃이나 어떤 외부환경에 의해서 좌우되는 것이 아니다. 각자가 행하는 하나의 생각, 하나의 행동은 인생이라는 옷 속에 짜여 들어가는 또 하나의 실이다. 그리고 환경은 나약한 사람들에게는 엄한 감독감이며, 상한 사람에게는 순종적인 하인이다.

_제임스 알렌, 『원인과 결과의 법칙』

인생은 내가 짜는 실로 만들어지는 것이며,
환경은 내 태도에 따라 달라집니다.

"내가 지금까지 만들어온 인생이라는 옷에는 어떤 실들이 짜여 있나요?"

053

희망 때문에 죽고, 희망 때문에 살다

#희망 #절망 #생존

　재미있는 것은 '희망+절망=100'이라는 것입니다. 희망이 50이면 절망이 50이며, 희망이 0이면 절망이 100입니다. 이때 사람은 죽습니다. 자살하는 사람은 가난해서, 먹고 살기 어려워서, 돈 때문에 죽는다고 생각하면 착각입니다. 사람은 희망 때문에 죽는 것입니다. 희망이 없다고 생각해서 죽는 것입니다.

_송진구, 『The 희망』

"작은 희망이라도 붙잡으려 했던 순간이 있다면,

그 선택이 내 삶에 어떤 영향을 주었나요?"

인생 등반

#역경 #인내 #좋은날

산의 정상에 오르기 위해서는 골짜기를 지나야 하며, 오아시스를 만나기 위해서는 사막을 건너야 한다. 나아가 무지개를 보기 위해서는 먼저 비를 맞이해야 하며, 화려하고 예쁜 꽃을 보기 위해서는 혹독한 겨울을 보내야 한다. 이렇듯 좋은 날을 맞이하기 위해서는 힘들고 고통스러운 날을 먼저 만나야 한다.

_김이율, 『가슴이 시키는 일』

"앞으로 더 나은 날을 위해

지금의 고통을 어떻게 받아들이고 극복할 수 있을까요?"

055

분명한 꿈과 의지

#간절함 #분명한의지 #꿈

간절히 바라면 반드시 이루어진다. '어떻게 해서라도 이렇게 되고 싶다'고 간절하게 바라면 그 생각이 반드시 그 사람의 행동으로 나타나고, 행동은 생각을 더욱 간절하게 한다. 하지만 그 간절함은 분명하지 않으면 안 된다. 막연한 간절함이 아닌 '반드시 이렇게 하고 싶다', '이렇게 되지 않으면 안 된다'라는 의지와 다짐이 분명한 간절함, 그런 꿈이 아니면 안 된다.

_이나모리 가즈오, 『왜 일하는가』

분명한 꿈과 의지가
간절한 바람을 현실로 만듭니다.

"내가 간절히 바랐던 꿈이나 목표는 무엇이었으며,

그것이 나의 행동에 어떤 변화를 가져왔나요?"

단 하나뿐인 존재

#독창성 #생명 #고유한가치

온리 원은 외톨이를 의미하는 것이 아니라 이 세상에 하나밖에 없는 생명의 귀함, 그리고 그 독립적 가치인 자기 삶의 결을 뜻합니다. 여러분은 목숨을 걸고 그 어둡고 좁은 산도를 지나 이 세상에 태어난 생명들입니다. 누가 명령한 것이 아니라 자신이 스스로 세상에 나올 날짜와 시간을 정한 것입니다. 생명이, 출산이, 이미 독창성을 지닌 것 아닙니까.

_이어령, 『젊음의 탄생』

"내 삶의 독창성과 나만의 가치를 느꼈던 순간은 언제였나요?"

PART 8

나의 시간을
내가 지배하는 법

사람들은 자신만의 성장을 바라기보다 다른 사람과의 비교 속에서 우위를 점하고자 합니다. 그래서 종종 '향상 목표'보다는 '성과 목표'를 설정하며, 특정한 기준점에 도달하는 것에만 집중합니다. 그러나 목표에 도달하지 못했을 때 느끼는 패배감과 열등감은 우리의 시선을 흐리게 만듭니다. 과정을 통해 얼마나 성장했는지를 돌아보지 못하게 되는 것이지요.

하지만 진정으로 중요한 것은 다른 사람과의 경쟁이 아니라 어제의 나를 넘어서는 것입니다. 나를 이기는 승리는 나의 한계를 넘어서고, 스스로 설정한 선을 지속적으로 확장해 나갈 때 찾아옵니다. 성장을 통해 얻는 승리야말로 진정한 승리입니다. 그런 승리가 더 큰 경쟁 속에서도 이길 수 있는 힘을 길러줍니다.

이 모든 과정의 시작은 시간관리에서 비롯됩니다. 시간은 우리의 가장 소중한 자산이며, 성장의 지름길을 열어주는 열쇠입니다. 하루하루를 계획적으로 관리하고 꾸준히 실행하는 사람만이 스스로를 이기고, 더 나아가 세상을 이길 수 있습니다. 자신의 시간을 스스로 지배하는 사람만이 진정한 성장과 성취를 이룰 수 있습니다. 시간관리는 곧 자기 성장을 위한 첫걸음입니다.

057

내 시간은 나의 인생

#통제 #시간 #인생

"오프라, 통화하고 싶지 않으면서 왜 자꾸 전화를 받는 거요?" '아하!'의 순간이었다. 전화벨이 울린다고 해서 내가 꼭 받아야 하는 것은 아니다. 내 시간을 어떻게 쓸지 결정하고 통제하는 것은 나 자신이다. 설혹 시간과 일정이 나의 통제를 벗어나 엉망진창이 된 것처럼 보인다 해도 그것은 결국 자신의 탓이다. 당신의 시간을 보호하라, 당신의 시간은 곧 당신의 인생이다.

_오프라 윈프리, 『내가 확실히 아는 것들』

"내가 원하지 않는 일에 내 시간을 뺏겼던 순간은 언제인가요?"

시간 전망

#시간전망 #미래영향력 #신중한행동

    하버드 대학의 연구에 의하면 성공한 사람, 훌륭한 사람과 그렇지 못한 사람의 차이는 시간 전망(time perspective)에 있다고 한다. 시간 전망은 현재의 행동과 의사결정이 미래에 끼칠 영향력을 얼마나 길게 내다보는가와 관련된 것이다. 시간 전망이 긴 사람은 현재 자신이 하고 있는 행동에 좀 더 신중을 기하고 순간의 감정과 충동에 반응하지 않기 때문에 감정이 안정적이고 기복이 없다.

_허일무, 『Change Way 변화, 그 아름다운 선택!』

"순간의 감정과 충동을 조절하기 위해 어떤 노력을 했었나요?"

059

습관의 힘

#좋은습관 #나쁜습관 #정교한설계

　　우리 내면에는 좋은 습관이라는 늑대와 나쁜 습관이라는 늑대가 살고 있는데, 어떤 습관에 더 자주 먹이를 주는지에 따라 삶의 방향이 정해진다. 한번 먹이를 맛보기 시작한 내면의 나쁜 습관은 인생의 다양한 충동에 반응해 점점 몸집을 키워나갈 것이다. 그러다 어떤 상황에 이르면, 가령 극심한 스트레스를 받거나 정신력이 급격하게 떨어져 산만해지면 이 나쁜 습관이라는 늑대가 마음을 비집고 불쑥 튀어나온다. 그땐 아무도 이 늑대를 막을 수 없다. 인간의 충동적 본성은 인내심이나 자제력만으론 다스릴 수 없다. 오직 정교하게 설계된 습관의 힘으로만 통제할 수 있다.

_웬디 우드, 『해빗』

좋은 습관은 의지력만이 아니라
정교하게 설계된 실천으로 키워야 합니다.

"극심한 스트레스 상황에서 나쁜 습관이 불쑥 튀어나온 경험이 있다면,

 어떻게 대처했나요?"

060

회복 시간

#회복의중요성 #쉼과성장 #에너지균형

    회복 시간은 본질적으로 창조성과 긴밀하게 연결되어 있다. 음표들 사이 공간이 있어야 음악이 만들어지고, 문자들 사이에 공간이 있어야 문장이 만들어지듯이, 사랑과 우정, 깊이와 차원이 성장하는 곳 역시 일과 일 사이의 공간이다. 회복 시간이 없는 우리의 인생은 존재감 없이 끝없이 반복되는 행동의 연속일 뿐이다.

_짐 로허 · 토니 슈워츠, 『몸과 영혼의 에너지 발전소』

"내 삶에서 음표 사이의 공간처럼 회복을 위한 여백을 만들려면

무엇을 바꿔야 할까요?"

혼자의 힘

#혼자만의시간 #객관적시각 #자아성찰

다른 사람들과 많이 어울리면 오히려 객관적인 시각이 떨어집니다. 나도 남도 서로에게 잘 보이려고 자신을 감추기 때문입니다. 혼자만의 시간을 가져야 스스로를 제대로 볼 수 있습니다. 혼자 있으면 잡음이 줄어듭니다. 그러면 들리는 것이 있습니다. '나는 누구인가?', '무엇을 해야 하는가?' 같은 질문들이 떠오를 것입니다.

_최영환, 『인생을 바꿀 책속의 명언 300』

"혼자 있는 시간을 통해 내가 발견했던 진정한 나 자신은 어떤 모습이었나요?"

062

목표보다 방법

#지속가능한습관 #작은변화의힘 #꾸준함이정답

우리들의 대부분은 "매일 자기 전 10분 스트레칭을 하자"라던 가, "과자를 줄이자" 같은 목표에만 집중한다. 하지만 정작 이를 지속하기 위해서 가장 중요한 도구와 방법에는 신경을 쓰지 않는다. … 효과를 실감하기 어렵다고 해서 바로 그만둔다면 아무것도 하지 못한다. 한 가지 한 가지가 지극히 사소한 변화라고 해도 그것을 지속해나가면 장기적으로 커다란 변화로 이어짐을 잊지 말라.

_카츠마 카즈요, 『시간투자법』

"목표를 정할 때, 그것이 지속 가능할지 충분히 고민하고 있나요?

실패했던 목표들의 방식은 어땠나요?"

햇빛으로 종이를 뚫는 방법

#시간집중 #몰입과성장 #작은변화의시작

햇빛으로 종이에 구멍을 뚫으려면 어떻게 해야 할까? 지구상에서 태양빛이 가장 뜨거운 지역으로 가서 종이를 장시간 햇빛 아래 노출시켜야 할까, 아니면 현재 있는 자리에서 종이 위에 돋보기를 들이대야 할까? 당연히 후자다. 인생 또한 마찬가지다. 평범하기 이를 데 없는 현재의 삶에 구멍을 뚫으려면, 즉 놀랄 만한 변화를 만들어내려면 당신의 정신을 한곳에 모으는 집중력이 필요하다.

_이지성, 『여자라면 힐러리처럼』

"내 삶에서 돋보기 역할을 할 수 있는 것은 무엇인가요?

내가 원하는 변화를 만들기 위해 가장 집중해야 할 한 가지는 무엇인가요?"

064

시간은 누구에게나 관대하다

#시간 #인간관계 #빈시간

시간이 충분하지 않다고 말하지 말라. 당신에게는 헬렌 켈러, 파스퇴르, 미켈란젤로, 테레사 수녀, 레오나르도 다 빈치, 토머스 제퍼슨, 알버트 아인슈타인에게 하루에 주어졌던 시간과 똑같은 시간이 주어졌다. 그리고, 인간관계와 취미 생활, 내가 읽고 보는 것들, 이 세 가지만 단순하게 정리해도 당신의 인생에는 참으로 많은 빈 시간이 확보될 것이다.

_한홍, 「시간의 마스터」

시간은 누구에게나 충분하며,
단순한 정리로 더 많은 여유를 만들 수 있습니다.

"단순히 정리했더니 인생에 빈 시간이 생겼던 경험이 있다면,

 그것을 어떻게 활용했나요?"

PART 9

미래와 미경험의 세계를
도전하는 힘

사람들은 흔히 환경이나 주변 사람을 바꾸기 어려울 때, 스스로를 변화시키려 합니다. 하지만 익숙한 환경에서 벗어나 변화하려는 노력은 종종 제자리로 돌아가기가 쉽습니다. 지금까지의 삶이 편안했기에, 불편함을 감수해야 하는 자기 변화는 늘 도전적입니다. 변화가 얼마나 힘든 일인지, 그래서 '작심삼일'이라는 말이 생겼을지도 모릅니다.

그러나 변화는 거창한 목표에서 시작할 필요가 없습니다. 당장 큰 환경을 바꾸기 어렵다면 가까운 곳으로 가벼운 여행을 떠나보는 것도 좋습니다. 가까운 거리라도 새로운 공기와 낯선 사람들, 다른 생각과 만나게 되는 기회를 만들 수 있습니다. 작은 변화에서 시작된 경험이 당신을 조금씩 앞으로 나아가게 합니다.

바꾸기 쉬운 것부터 하나씩 시작하는 것이 변화의 첫걸음입니다. 변화는 완벽한 준비에서 오는 것이 아니라, 지금 당장 실행에 옮기는 작은 행동에서 비롯됩니다. 새로운 시도와 경험을 통해 더 넓은 세계와 미래의 가능성을 향해 한 발짝 나아갈 수 있습니다. 변화는 시작하는 용기로부터 오는 것입니다. 시작이 곧 변화입니다.

065

심리학적 카멜레온

#암시 #특성수용 #심리학적카멜레온

　　우리는 끊임없이 서로 암시와 미묘한 메시지를 주고받으며 남을 흔들기도 하고 흔들리기도 한다. 우리의 이성적인 뇌가 그 비밀을 이해하지 못했더라도 마찬가지다. 이상의 연구에서 확인되듯이 우리는 남이 나에게 부여한 특성을 받아들일 수밖에 없는 존재다. 겉보기에 아무 숨길 게 없는 단순명료한 상호작용 안에서조차 이 은밀한 힘은 작용하고 있다. 그리고 이런 면에서 우리는 모두 심리학적 카멜레온들이다.

_오리 브래프먼 · 롬 브래프먼, 『스웨이』

우리는 서로 영향을 주고받으며,
타인의 특성을 받아들이는 심리학적 카멜레온입니다.

"무의식적으로 다른 사람의 특성을 받아들였던 순간이 있다면,

 그 결과는 긍정적이었나요?"

쉬운 삶을 의심하라

#변화 #행동 #자기책임

이런 삶은 편하긴 하지만 고여서 썩어가는 물과 같다. 쉬운 삶에 안주했다간 오히려 삶을 위기에 빠트릴 수 있다. 이 삶을 바꿀 유일한 사람은 당신이다. 또한, 당신의 삶에서 가장 중요한 사람도 바로 당신 이다. 변화하고 싶다면, 행동에 옮겨야 할 사람도 당신이다. 삶이 이전 과 다른 방향으로 흘러간다면, 그것은 당신이 생각이나 감정, 행동을 바꾸었기 때문이다.

_필립 C. 맥그로, 『인생은 수리가 됩니다』

"쉬운 삶에 안주했던 순간이 있다면, 그것이 내 삶에 어떤 영향을 미쳤나요?"

067

벽 너머에 있는 것

#도전 #한계돌파 #포기하지않기

벽에 부딪쳤다고 해서 되돌아간다면 결코 벽을 깨뜨릴 수 없다. 벽의 저쪽 너머에는 아무것도 없을지도 모른다. 혹은 벽을 넘고 보니 더 높은 벽이 떡하니 버티고 있을지도 모른다. 힘들게 노력해서 벽을 넘는 일이 어쩌면 무의미할 수도 있다. … 하지만 여기서 물러난다면 정말로 아무것도 하지 못한 채 인생이 끝나고 만다.

_나카무라 슈지, 「끝까지 해내는 힘」

"벽을 넘은 뒤 더 큰 도전을 만났던 경험이 있다면,

그것이 내게 어떤 깨달음을 주었나요?"

저항의 배신

#저항 #왜곡 #배신

저항은 당신이 일하는 걸 방해하려고 위증하고 날조하며 왜곡하죠. 유혹하고, 괴롭히며, 부추기기도 하고요. 저항이라는 건 변화무쌍합니다. … 저항은 양심도 없어요. 목적 달성을 위해서라면 어떤 약속도 하니까요. 하지만 당신이 등을 돌리자마자 배신을 하는 거예요. 저항의 말을 곧이곧대로 들었다가는, 어떤 결과라도 감수해야 할 겁니다.

_존 크럼볼츠 · 라이언 바비노, 『천 개의 성공을 만든 작은 행동의 힘』

"저항에 굴복했던 경험이 있나요? 그때 자신의 기분은 어땠나요?

그로 인한 깨달음은 무엇이었나요?"

069

작동 흥분이론

#작동흥분이론 #실행의힘 #계속하는힘

　우리의 몸과 마음은 일단 발동이 걸리면 자동으로 작동되는 기계처럼 하기 싫던 일도 일단 하다 보면 그것이 계기가 되어 계속하게 된다. 정신의학자 에밀 크레펠린은 이런 정신현상을 '작동 흥분 이론'이라고 명명했다. 이 이론에 따르면 우리 뇌는 몸이 일단 움직이기 시작하면 멈추는 데에도 에너지가 소모되기 때문에 하던 일을 계속하는 게 더 합리적이라고 판단한다.

_이민규, 『실행이 답이다』

일단 움직이기 시작하면 멈추는 것보다
계속하는 것이 더 쉽습니다.

"오늘 내가 시작하기 어려워 보이는 일을 하기 위해

움직이기 시작하려면 무엇이 필요할까요?"

위대한 실수

#실수 #배우는자세 #위대한실수

　물론 중요한 것은 '실수를 했다는 것' 자체가 아니라 '실수를 통해 적극적으로 배우려 했다는 점'이다. 실수가 성공의 밑거름이 되기 위해선 실수를 실수로 그냥 흘려보내지 않는 자세와 환경이 중요하다. 실수를 통해 배울 수 있다는 적극적인 태도야말로 실수를 '위대한 실수'로 만들어주기 때문이다.

_문요한, 『굿바이, 게으름』

"실수를 단순히 지나치지 않고 적극적으로 활용하기 위해

 내가 해야 할 일은 무엇인가요?"

071

'그러나'가 만드는 인생역전

#인생역전 #그러나 #저항과성공

다윗이 골리앗을 이겨야 뉴스가 됩니다. 세상은 항상 '그러나'에 주목합니다. 남보다 부족한 점이 삶을 힘들게 할 수 있지만 크게 주목받을 수 있는 기회가 되기도 합니다. 콤플렉스나 결함에 '그리고'를 붙이고 굴복하면 열등감이 평생을 따라 다니지만 '그러나'를 붙이고 끊임없이 저항하면 세상의 주목을 받습니다. '그러나'가 만드는 인생의 반전, 그것이 진정한 인생역전입니다.

_한근태, 『잠들기 전 10분이 나의 내일을 결정한다』

"내 삶에서 부족한 점을 '그러나'를 붙여 극복했던 경험이 있다면,

그것은 어떤 변화로 이어졌나요?"

펭귄의 꿈

#자기만의길 #꿈을향해 #독창성

"아빠, 내가 정말 갈매기처럼 날 수 있을까?" 브루노가 물었어요.

"갈매기처럼 하늘을 날 수 있는 건 갈매기뿐이란다. 너는 너만의 방법으로 날게 될 거야, 브루노."

아빠의 말에 브루노는 고개를 끄덕였어요.

_아네테 블라이, 『날아라 펭귄!』

"다른 사람처럼 되고 싶어 했던 순간이 있었다면

 결국 내가 찾은 나만의 길은 무엇이었나요?"

인생의 안목과 센스를
기르는 방법

"책 속에 길이 있다."라는 말이 전설처럼 느껴지는 시대가 되었습니다. 이제는 어떤 문제를 만나도 깊이 고민하기보다 인터넷을 통해 클릭 몇 번으로 답을 찾을 수 있습니다. 예전처럼 책을 뒤지고 주변 사람들과 머리를 맞대어 생각을 나누는 과정은 점점 사라지고 있습니다. 우리는 문제를 간단히 해결할 수 있는 편리함을 얻었지만, 그만큼 깊게 고민하고 탐구하는 능력을 잃고 있습니다.

작고 단순한 문제라면 인터넷이 충분히 도움이 될 수 있습니다. 하지만 정말로 중요한 인생의 질문이나 방향을 고민해야 할 때, 인터넷은 깊이 있는 답을 줄 수 없습니다. 바로 그럴 때, 책이 우리 곁에 다가옵니다. 책은 단순히 정보를 주는 도구가 아닙니다. 책은 생각의 근육을 단련시키고, 사유의 폭을 넓혀주며, 삶의 지혜를 깊이 있게 가르쳐줍니다.

책과의 만남은 단순한 정보 찾기가 아니라, 삶의 안목과 센스를 기르는 여정입니다. 깊은 독서를 통해 얻는 통찰은 빠르게 소비되는 인터넷 정보와는 차원이 다릅니다. 책은 시간을 들이고 고민하게 하며, 답을 스스로 찾도록 이끌어줍니다. 그래서 책 속에는 길이 있다는 말이 지금도 유효합니다. 책은 단순히 문제를 해결하는 도구가 아니라, 인생의 나침반이 되어줍니다.

073

자신감을 얻는 법

#자신감 #위험감수 #능력개발

　성공을 준비할 때는 잘 짜인 계획에 따라 위험을 감수하는 법도 배워야 한다. 능력에 자신이 있는 경우라면 도달할 수 없을 것 같은 학업목표를 향해 자신을 채찍질할 수 있다. 하지만 위험에 도전해 승리를 맛보는 경험을 쌓지 않고는 그런 자신감을 얻을 수 없다. 스스로를 운에 맡겨보지 않고는 자신의 능력을 알 길이 없다.

_다니엘 G. 에이멘, 『공부하는 뇌』

"성공의 목표를 향해 스스로를 채찍질했던 순간, 나는 어떤 성장을 경험했나요?"

성공의 인상을 새겨라

#성공습관 #작은성취의힘 #긍정적마인드셋

일상 속에서 많은 성공 경험을 찾아내어 의식적으로 자신 안에 성공의 인상을 새겨둘 필요가 있다. 왜냐하면 실패의 인상만 가진 채로 살아간다면 자신을 믿는 힘이 약해지기 때문이다. 그렇게 되면 성공과 정반대 방향, 다시 말해 실패 경험이 주는 피해가 눈덩이처럼 불어난다.

_야마구치 마유, 『7번 읽기 공부법』

"내 안에 성공의 인상을 더 강렬히 새기기 위해,

매일 할 수 있는 작은 습관은 무엇일까요?"

075

인문학을 한다는 것

#창조적사고 #인문학 #생각의변화

심리학자들의 연구 결과에 따르면 인간은 하루에 약 6만 번의 생각을 한다고 한다. 그런데 그중 약 95퍼센트는 어제 했던 생각의 반복이라고 한다. 나머지 5퍼센트도 마찬가지다. 창조적인 생각과는 거의 관련이 없다. 인문학을 한다는 것은 인류의 문명을 건설한 천재들의 생각과 만난다는 의미다.

_이지성, 『생각하는 인문학』

인문학은 반복적인 사고를 벗어나
천재들의 생각과 만날 기회를 제공합니다.

"내 생각이 반복되고 있다는 것을 깨달았을 때,

 그것이 내 삶에 어떤 변화를 가져왔나요?"

공부의 시작은 운동

#운동의중요성 #공부와운동 #성공의비결

혼자 공부하는 모든 사람을 위한 첫 번째 공부 원칙은 운동이다. 단언컨대 공부의 시작은 운동이며, 공부를 잘하고 싶은 사람은 운동부터 해야 한다. 한번 생각해보자. 조금 전에 언급한 유명한 사람들이 바쁜 일정 중에 '운동까지 했음에도 불구하고' 성공한 것일까? 아니다. 정반대다. 그들은 운동을 했음에도 불구하고 성공한 것이 아니라, '운동을 했기 때문에' 성공할 수 있었다.

_한재우, 「혼자 하는 공부의 정석」

"공부와 운동의 균형을 맞추기 위해

 오늘부터 시작할 수 있는 간단한 운동은 무엇인가요?"

077

독서의 치유

#독서의치유 #위로 #감동적인글

독서가 치유의 효과가 있다고 느낀 순간이었다. 책 읽기에 빠지는 강렬한 힘은 이런 것이다. 지금은 글귀를 보아도 그때만큼 감동적이지 않다. 위로받고 싶은 마음이 글귀와 딱 맞아떨어진 것이다. 두통이 왔을 때 소화제보다 두통약이 효과를 보는 것과 같다. 마지막 문장 "그래 내 마음이여, 그래 내가 다 안다." 그 짧은 글귀가 빙산처럼 꽁꽁 얼었던 마음을 눈 녹듯 녹여주었다.

_장인옥, 『일일일책』

"특정한 감정이나 상황에서 책을 통해 공감과 힘을 얻었던 순간이 있다면,

그것은 어떤 책이었나요? 어떤 힘을 얻었나요?"

책을 읽는 동안의 침묵

#책읽기 #침묵의힘 #지혜의습득

　말이 많은 사람의 장점은 아는 것이 많다는 것을 세상에 알릴 수 있다는 것입니다. 말이 많은 사람의 단점은 아는 것은 많은데 정확히 아는 것은 별로 없다는 것을 세상에 들키고 만다는 것입니다. 사람들이 왜 그토록 책을 읽으라고 하는지 아십니까? 책 속에 엄청난 지혜가 들어 있어서가 아닙니다. 책을 읽는 동안에는 말을 내보낼 수 없기 때문입니다.

_정철, 『내 머리 사용법』

책을 읽는 동안의 침묵은
내면의 지혜를 키우는 시간입니다.

"책을 읽으며 침묵 속에서 새로운 깨달음을 얻었던 경험이 있나요?"

079

메모를 드러내라

#문제해결 #문제를드러내라 #메모의중요성

해결되지 않은 문제가 있을 때 덮어두려고만 하면 오히려 필요 이상으로 불안해지는 경험이 있을 것이다. 차라리 겉으로 드러낼 때 냉정하게 대처할 수 있다. 메모도 마찬가지다. 늘 지니고 다니는 것, 늘 보이는 곳에 메모한다. 나는 다이어리 밖으로 삐져나올 정도로 크고 선명한 형광 포스트잇을 사용한다.

_사카토 겐지, 『메모의 기술』

"현재 미해결 상태인 문제를 명확히 드러내기 위해

지금 내가 할 수 있는 첫 번째 행동은 무엇인가요?"

'왜'라는 질문을 던져라

#왜라는질문 #존재의목적 #변화와진화

세상의 모든 존재물은 존재의 이유와 생성의 목적이 있다. 그 목적만 제대로 들여다봐도 실패의 굴레에서 벗어날 수 있다. 변화와 진화를 통찰할 수 있는 것이다. 그러면 어떻게 해야 존재의 목적을 찾아낼수 있을까. 해답은 '왜'라는 질문에 있다. '왜 이것을 해야 하는가', '왜존재하고 있는가' 등 질문의 범위를 좁혀가다 보면 '무엇을', '어떻게'와같은 해결 방법을 도출해낼 수 있다.

_황인원, 『시 한 줄에서 통찰은 어떻게 시작되는가』

"목적을 명확히 하기 위해 왜 이것을 해야 하는가를

나에게 물었던 경험이 있나요? 그것이 어떤 도움이 되었나요?"

PART 10 인생의 안목과 센스를 기르는 방법

PART 11

인간관계에도
정답이 있다면

우리의 삶은 인간관계라는 커다란 틀 속에서 엮어가는 이야기입니다. 이 이야기를 완성하기 위해 다양한 사람들과 마주하게 됩니다. 좋은 사람들만 가득할 수도 없고, 그렇다고 나쁜 사람들만 있을 수도 없습니다. 나 역시 누군가의 이야기 속에서는 좋은 사람으로, 때로는 나쁜 사람으로 비칠 수도 있습니다.

삶이라는 한 편의 이야기는 혼자서 써나갈 수 없습니다. 좋든 나쁘든, 함께 하는 등장인물들과 '같이' 가야만 비로소 '가치' 있는 이야기가 완성됩니다. 서로 다른 사람들과의 관계 속에서 배우고, 성장하며, 삶의 깊이를 더해갑니다. 이 점을 받아들인다면, 우리가 만나는 모든 사람에게서 그들만의 고유한 가치를 발견할 수 있습니다. 그리고 그들과 함께 걸어가는 길이야말로 우리의 이야기를 더욱 풍성하게 만듭니다.

그 중심에 있는 것은 바로 '말'입니다. 말은 관계를 열어주는 열쇠이며, 상대방과 나를 연결하는 다리가 됩니다. 그렇다면 어떤 말이 나를 매력적인 사람으로 만들어줄까요? 그것은 진심이 담긴 말입니다. 상대의 이야기를 경청하며, 따뜻하게 공감하고, 서로의 차이를 이해하려는 진심 어린 대화가 인간관계를 빛나게 합니다. 말은 단순한 소통의 도구가 아니라, 마음을 담아 전달하는 강력한 힘입니다.

기분과 태도

#기분과태도 #태도의선택 #긍정적마음

크고 작은 차이만 있을 뿐이지 누구나 기분을 드러낸다. 내 기분
은 내 선에서 끝내야 하는데 나도 모르게 겉으로 드러난다. 하지만 기
분과 태도는 별개다. 내 안에서 저절로 생기는 기분이 스스로 어찌할
수 없는 것이라면, 태도는 다르다. 좋은 태도를 보여주고 싶다면, 소중
한 사람에게 상처 주고 싶지 않다는 마음만 있다면, 우리는 충분히
태도를 선택할 수 있다.

_레몬심리, 『기분이 태도가 되지 않게』

"내 기분이 태도가 되어 누군가에게 상처를 준 적이 있나요?"

우리는 자신과 이별할 수 없다

#자기이해 #이별과성장 #내면의탐색

일상에서 깊은 한숨을 내쉬곤 하는 습관이 새로 생겼다고 해서,
일 년 후의 삶이 까마득한 암흑처럼 느껴진다고 해서, 그게 모두 '그
사람과의 관계' 탓은 아닐 것이다. 그것은 엄밀히 말해 '내 탓'이다. 그
러나 누구도 자신과는 이별할 수 없기 때문에 우리는 상대방과 이별
한다.

_정이현, 『우리가 녹는 온도』

"나는 지금 힘든 감정을 누구 혹은 무엇의 탓으로 돌리고 있지는 않나요?

스스로를 더 깊이 들여다보고, 감정을 건강하게 정리하는 방법은 무엇인가요?"

083

'멘탈 뱀파이어'를 퇴치하라

#멘탈뱀파이어 #관계끊기 #자기회복

    헤어지면 마음이 찢어질 것 같고 익숙한 것에서 벗어나야 해서 힘들겠지만 이와 같은 사람에게 분명히 지속적으로 당하고 있다면 관계를 끊어야 한다. 너무 잔인한 것 같아서 혹은 상대가 불쌍한 것 같아서 주춤하는 것만 아니라면 멘탈 뱀파이어와 관계를 끊을 때 즐거움을 느낄 수 있다. 이들과 관계를 끊으면 진정한 나로 돌아오고, 내 자신을 되찾을 수 있다.

_스테판 클레르제, 『기운 빼앗는 사람, 내 인생에서 빼버리세요』

에너지가 소모되는 관계를 끊으면
진정한 자신을 되찾을 수 있습니다.

"멘탈 뱀파이어와의 관계에서 벗어나고 싶었지만 주저했던 이유는 무엇인가요?"

기본적 귀인 오류

#기본적귀인오류 #행동평가 #착각과해석

타인의 행동을 평가 혹은 해석할 때, 주변 상황보다는 그 사람에게 내재된 기질 때문에 그런 결과가 나왔다고 오인하는 경우가 많다. 심리학에서는 이를 '기본적 귀인 오류'라고 부른다. 평소 예쁘게 여기는 직원이 좋은 성과를 거두면 주변 환경의 덕을 많이 본 것이었다 해도 그 직원이 원래 잘났기 때문이라고 평가하기 쉽고, 반대로 미운 털이 박힌 직원이 뛰어난 업적을 달성했다면 그저 운이었거나 상황이 우호적이었기 때문이라고 폄하할 가능성이 크다.

_유정식, 『착각하는 CEO』

"내가 가진 편견으로 인해 누군가의 성공이나 실패를

부정적으로 바라본 경험이 있나요?"

085

우정의 끝

#우정의변화 #자연스러운이별 #흐름을받아들이기

우정이 끝났는지 아닌지는 직감으로 알 수 있다. 왜냐하면 사람은 진화하고, 변하고, 인생이 지속되는 동안 성장하기 때문이다. 끝나버린 우정에 대해서도 둘 중 하나가 '잘못한 사람', '나쁜 쪽' 역할을 맡을 이유가 없다. 누가 더 잘했는지 잘못했는지를 판가름할 이유도 없다. 그저 우정이 끝난 것일 뿐, 그게 다른 무언가를 의미할 필요는 없다.

_안드레아 오언, 『어쨌거나 마이웨이』

"멀어지는 사람을 붙잡기 위해 했던 방법은 무엇이 있나요?

그 방법이 어떤 결과를 가지고 왔나요?"

가슴에 쌓이는 언어

#가슴에쌓이는언어 #말의힘 #언어의책임

"바다에는 진주가 있고, 하늘에는 별이 있다. 그러나 내 마음, 내 마음, 내 마음에는 사랑이 있다.", "말은 흘러가는 것이 아니라 상대의 가슴에 수십 년간 화살처럼 꽂혀 있는 것이다."

우리의 입에서 내뱉어진 언어는 가슴속에 쌓인다. 언어는 흘러가는 것이 아니라 쌓이는 것이다. 그래서 언어를 사용할 때 조심해야 한다. 마음을 상하게 하는 언어는 가슴속에 깊이 쌓이게 된다.

_차동엽, 『천금말씨』

"내가 사용하는 말이 상대방의 가슴속에

어떤 흔적을 남길지 생각해본 적이 있나요?"

087

거절의 세 가지 법칙

#거절의법칙 #명확한거절 #대안제시

거절을 할 때는 '그 일을' '왜' 해줄 수 없는지를 분명히 알려야 한다. 그다음에 '가능한 대안'을 제시해주는 것이 좋다. 거절할 때는 「애매하게 거절하지 않는다」 「억지로 들어주지 않는다」 「이유와 대안을 제시한다」 이 세 가지를 명심해야 한다.

_오쿠시 아유미, 『일 잘하는 사람보다 말 잘하는 사람이 이긴다』

"애매하게 거절해서 오해를 불러일으킨 적이 있나요? 어떻게 해결했나요?"

사람을 얻는 기술

#사람을얻는기술 #호감형성 #자기인식

사람들에게 완벽하게 보이려고 하면 할수록 사람들은 당신에게서 멀어진다. 사람들이 당신에게 호감을 갖고, 당신에게 자꾸만 다가서고자 하는 건, 당신 또한 자신과 같은 인간이라는 사실을 끊임없이 확인하는 작업을 통해 이루어진다.

_레일 라운즈, 「사람을 얻는 기술」

완벽함보다 인간적인 모습이
사람들과의 거리를 좁힙니다.

"스스로를 솔직하게 보여주었을 때 관계가 좋아진 경험이 있나요?

그 관계는 어떻게 발전했나요?"

PART 12

0.1% 탁월한 사람들의
인사이트

우리가 익히 알고 있던 행복의 공식은 이렇게 시작됩니다. "열심히 공부하고, 열심히 일해서 성공하면 행복해진다." 이 공식을 믿으며 많은 사람이 삶의 다른 부분을 희생하며 공부와 일에 매달립니다. 이는 우리나라뿐만 아니라 미국 등 여러 선진국에서도 흔히 볼 수 있는 모습입니다. 그러나 최근 긍정심리학의 연구 결과는 이 공식을 뒤집습니다. 행복은 성공의 결과물이 아니라, 행복한 사람이 더 쉽게 성공을 이끈다는 것입니다.

성공을 위해 행복을 뒤로 미루며 달리지만, 사실 행복은 성공의 끝에서 우리를 기다리는 것이 아닙니다. 오히려 지금 이 순간, 행복을 느낄 수 있는 사람은 성공하지 못하더라도 늘 행복을 누릴 수 있습니다. 행복은 결과가 아니라 출발점이기 때문입니다.

이제는 성공을 위한 공부보다 행복을 배우고 연습하는 공부가 필요합니다. 행복을 찾기 위해 노력하다 보면, 어느 순간 성공은 자연스럽게 따라올 것입니다. 지금 바로 행복을 느낄 수 있는 방법을 찾아야 합니다. 그 순간이 바로 진정한 성공에 가까워지는 길입니다.

089

창조의 근원은 '심심함'이다

#창의력의시작 #심심함의힘 #지루함을기회로

노래하고 술 마시고 춤을 추는 것이 모두 심심해서 그런 것이다. 심심해서 몸이 뒤틀려야 새로운 생각에 잠기게 된다. 문화는 심심함에 지친 사람들이 심심함을 이기기 위해 만들어낸 놀이라는 생각이 들었다. 심심함이 없으면 창조도 없다. 불행하다고 인식한 사람만이 변화를 만들어내고, 심심한 사람들만이 심심함을 벗어날 수 있다.

_구본형, 『나는 이렇게 될 것이다』

"나에게 '심심함'은 어떤 의미인가요? 시간이 지나가기만을 기다렸나요?

아니면 창의적인 활동으로 전환했나요?"

좋은 사람 되기를 그만둘 것

#자기다운삶 #타인의기대 #인생의주인공

자기답게 살기 위한 가장 좋은 방법은 「좋은 사람 되기」를 그만둘 것. '타인의 기대에 부응하는 일을 단념할 것', 이 두 가지다. 단도직입적으로 말해 '사람들의 기대에 부응하는 것이 가장 의미 있다'라는 생각을 버리고 '내 인생의 주인공은 나'라고 확실히 인식한다. 이것이 자기다운 인생을 창조하기 위한 첫걸음이다.

_모로토미 요시히코, 『행운에도 법칙이 있다』

"좋은 사람이 되고 싶은 이유가 무엇인가요?"

091

완벽함에서 벗어나기

#완벽함에서벗어나기 #감정의진실 #행복한척하지않기

감정을 억누르거나 가장하는 것은 우리 자신뿐 아니라 다른 사람들도 불행하게 만든다. 행복하지 않으면서 행복한 척하면 우울증을 부추긴다. 우리가 아주 잘 지내고 있는 것처럼 가장하면 상대방은 우리를 보면서 더욱 불행하게 느끼고 그 자신이 느끼는 고통 또한 숨기려고 한다.

_탈 벤–샤하르, 「완벽의 추구」

감정을 억누르거나 가장하지 않는 것이
나와 주변을 행복하게 합니다.

"행복하지 않을 때도 행복한 척했던 경험이 있나요? 그때는 어떤 기분이었나요?"

1도의 차이

#1도의차이 #관점전환 #작은변화

결과를 바꾸고 싶다면 반드시 원인을 바꾸어야 한다. 그러나 지금까지의 삶이 기대와는 정반대로 전개되고 있다고 해서 항상 180도의 전환이 필요한 것은 아니다. 오히려 1도의 관점 전환과 1퍼센트의 행동 변화만으로도 충분한 경우가 더 많다. 운전이나 사격을 해본 사람이라면 각도를 1도만 바꿔도 도착 지점이 완전히 달라진다는 사실을 잘 알 것이다.

_이민규, 『1%만 바꿔도 인생이 달라진다』

"나의 삶에서 1%의 개선을 위해 무엇을 바꿀 수 있을까요?"

093

적당한 거리 유지

#적당한거리 #응원과지지 #인간관계의중요성

모든 인간관계의 문제는 다른 이의 참견 때문에 발생한다. 부모 자식뿐 아니라 친구끼리, 상사와 부하 사이도 마찬가지다. 다른 이의 과제에 뛰어들어서는 안 된다. 우리가 할 수 있는 것은 응원뿐이다. 만약 아이가 공부를 하지 않겠다고 말하면 응원할 준비가 되어 있다고만 전한다. 우리가 할 수 있는 유일한 일은 가만히 지켜보는 것이다.

_알프레드 아들러(오구라 히로시 해설), 『인생에 지지 않을 용기』

"다른 사람의 문제에 얼마나 관여하는 것이 적절하다고 생각하나요?"

관점의 오류

#관점의오류 #의미오해 #관계의선택

여자가 자기에게 푹 빠진 어떤 남자를 거부할 때 "지금 당장은 어떤 관계도 맺고 싶지 않을 뿐이야."라고 말하면, 그 남자는 "지금 당장은"이라는 말만 듣는다.

_개빈 드 베커, 『서늘한 신호』

듣고 싶은 것만 듣는 오류를
경계해야 합니다.

"상대방의 진짜 의도를 놓친 적은 없었나요? 그때 상황은 어땠나요?"

095

거짓말쟁이의 비밀신호

#거짓말의신호 #미소의가면 #감정의위장

자신의 감정을 숨기기 위해 다른 감정을 위장의 용도로 사용하는 가면 중에서 가장 많이 사용되는 것은 미소다. 미소는 두려움, 분노 등 모든 부정적인 감정들을 감출 수 있다.

_폴 에크먼, 『표정의 심리학』

"미소로 본인의 감정을 숨긴 적이 있나요?

미소를 지음으로써 감추려던 진짜 감정은 무엇이었나요?"

배신하는 인간

#배신하는인간 #허영심 #탐욕과위선

인간은 태어나면서부터 허영심이 강하고, 타인의 성공을 질투하기 쉬우며, 자신의 이익 추구에 대해서는 무한정한 탐욕을 지닌 자다. 그리고 인간은 변덕스럽고, 위선적이며, 탐욕스러운 동물이다.

_니콜로 마키아벨리, 『군주론』

"타인의 질투나 허영심이 드러나는 순간을 목격한 적이 있나요?

그때 기분은 어땠나요?"

돈의 사이클을 만들어내는
부자들의 비밀

사람의 욕망에는 끝이 없습니다. 하지만 의지와 노력은 때로 한계에 다다릅니다. 욕망은 멈춰서 주저앉는 것이 아니라, 주저앉기에 욕망이 멈추게 되는 것입니다. 작은 성공에 안주하는 모습이 바로 그것입니다. 마음은 더 많은 것을 원하지만, 노력하는 것이 버거워지면 결국 의지가 꺾이고 맙니다.

실패에 좌절해서도 안 되지만, 작은 성공에 스스로 만족해서도 안 됩니다. 그 만족은 진짜 만족이 아닙니다. 큰 성공을 이루는 사람들은 멈추지 않습니다. 성공은 하나로 끝나는 것이 아니라 더 큰 성공으로 이어진다는 사실을 알기 때문입니다. 그들은 마치 자전거를 타는 것처럼 멈추지 않고 페달을 밟아 나갑니다.

성공의 사이클을 만드는 것이 중요합니다. 이 사이클이 완성되면 복리 효과처럼 성공 위에 성공을 더하게 됩니다. 성공은 멈추는 순간 퇴보하기 마련입니다. 끝없는 도전과 지속적인 노력이야말로 부를 축적하고 성장시키는 비밀입니다. 그렇게 만들어진 성공의 흐름은 점점 더 커져 당신의 인생을 풍요롭게 가득 채워줄 것입니다.

097

오천 년 부의 지혜

#저축의중요성 #부의진리 #생활비절약

버는 것보다 덜 쓰게! 자네가 번 돈의 일부를 반드시 저축하게! 그럼 자네는 언젠가 반드시 부자가 될 걸세! 쥐꼬리만큼 벌더라도 10분의 1은 저축해야 하네. 저축하고 남은 돈으로 살 수 없는 것은 사지 말게. 첫째, 수입의 10%를 저축한다. 둘째, 수입의 20%는 빚을 갚는다. 셋째, 수입의 70%로 생활한다. 이는 5000년이 지나도 변하지 않는 부의 진리이다.

_조지 S. 클레이슨, 『바빌론 부자들의 돈 버는 지혜』

"나의 재정 관리를 위해 실천하고 있는 규칙이나 원칙은 무엇인가요?"

긍정의 검은 백조

#기회의중요성 #긍정적검은백조 #행운의순간

기회는 생각보다 드물게 찾아온다. 명심할 점은, 긍정적 검은 백조는 항상 사전에 한 번쯤 모습을 보인다는 것이다. 그러므로 이 첫 번째 출현 단계를 놓치지 않도록 하라. 대부분의 사람들은 행운의 순간이 펼쳐져도 이를 깨닫지 못한다. 그러므로 대형 출판사(혹은, 영화사 중역, 은행 임원, 대사상가)가 만나자고 하면 선약을 취소하고 응하라.

_나심 니콜라스 탈레브, 『블랙 스완』

"기회를 놓치고 후회했던 경험이 있나요? 그 뒤로 어떤 영향을 받았나요?"

099

신념 체계

#신념체계 #도전과위험 #삶의변화

부자가 되는 모든 사건의 이면에는 과정 즉, 도전과 위험, 노력과 희생의 비하인드 스토리가 존재한다. 과정을 건너뛰려고 하는 사람들에게는 절대로 사건이 일어나지 않는다. 그리고 생을 바꾸고 싶다면, 다른 선택을 내려라. 다른 선택을 내리고 싶다면 신념 체계를 바꿔라.

_엠제이 드마코, 『부의 추월차선』

"신념을 바꿔 다른 선택을 할 필요를 느끼나요? 그러면 삶은 어떻게 변할까요?"

주식종목 선정은 예술

#주식종목선정 #예술과과학 #투자의균형

    종목 선정은 예술인 동시에 과학이다. 하지만 예술과 과학 어느 한쪽으로 너무 치우치면 위험하다. 머리를 대차대조표 더미 속에 처박고 계산에만 몰두하는 사람은 주식투자로 성공하지 못한다. 대차대조표에서 기업의 미래를 알 수 있다면 수학자들과 회계사들이 이 세상에서 가장 부유한 사람이 되어야 할 것이다.

_피터 린치 · 존 로스차일드, 『피터 린치의 이기는 투자』

"세상에서 계산적으로 해결할 수 없는 문제는 어떤 것이 있다고 생각하나요?"

101

전설의 부자가 딸에게 한 말

#성공의조짐 #남들과다르게 #도전과차별화

짐 로저스는 환갑이 넘어서 낳은 딸에게, "주위 사람들이 너의 어떤 행위를 제지하거나 네가 하려는 일을 우습게 본다면, 그거야말로 성공의 조짐이 보이는 것으로 받아들여라! 분명한 것은 그저 남들 하는 대로 어영부영 따라 하면서 성공에 이른 사람은 지금까지 단 한 명도 없었다."라고 얘기한다.

_이상건, 『부자들의 생각을 읽는다』

남들과 다른 길을 갈 때
성공의 가능성이 열립니다.

"남들과 다른 길을 가는 것이 성공의 중요한 요소라는 점에 동의하나요?

 그 이유는 무엇인가요?"

레전드가 알려주는 주식투자법

#주식투자 #지식과경험 #잘못된조언

친척이나 친구에게 투자 조언을 받는 오랜 관습은 위험하므로 유의해야 한다. 남들은 투자에 대한 지식과 경험이 더 풍부할 것이라고 지레짐작해서는 안 된다. 친척이나 친구의 조언에 의지하는 것은, 맹인이 맹인에게 의지하는 것과 다르지 않다. 엉터리 조언이기 때문에 공짜로 퍼주는 것이다.

_벤저민 그레이엄, 『현명한 투자자』

"투자 결정을 내릴 때 나만의 기준은 무엇인가요?"

PART 13 돈의 사이클을 만들어내는 부자들의 비밀

103

블록체인 혁명의 시대

#블록체인혁명 #디지털금융 #4차산업혁명

블록체인 암호화폐를 4차 산업혁명의 금융 시스템이라고 말하기도 하는데, 여기에는 왜 '혁명'이라는 말이 들어갔는지 생각해 봐야 한다. 전산망을 구축할 필요 없이 인터넷망만 있으면 모바일 금융 인프라는 그것으로 끝이다. 우리는 지금 거대한 트렌드가 바뀌는 경계선에 있으며, 새로운 디지털 세상으로 다가가고 있다는 것을 자각해야 한다.

_신의 두뇌, 『월街의 영웅 비트코인을 접수하다』

"새로운 금융 환경에 대비한 본인만의 투자 방법이 있나요?

비트코인이 화폐를 대체할 수 있을까요?"

I MAY BE WRONG

#틀릴수있음인정 #시나리오설계 #투자와인생

내가 틀릴 수 있음을 인정하는 것은 투자뿐만 아니라 인생을 살아가는 데 너무나 중요하다고 생각합니다. 그러나 단순히 '뭐, 틀릴 수도 있지'라고 받아들이는 것과 '언제, 어떤 경로로 틀렸음을 인지할 수 있게 되는가'라는 질문을 던지는 것은 대단히 다릅니다. 틀릴 수 있으려면, 틀릴 수 있도록 시나리오를 설계해야 합니다.

_홍진채, 『주식하는 마음』

"틀릴 가능성을 고려한 계획이나 시나리오를 설계한 경험이 있나요?

어떤 보완점을 대비했나요?"

PART 14

천재들은
어떻게 사고하는가

상상력은 창조력과 문제해결력의 뿌리입니다. 목표를 이루기 위해서는 새로운 아이디어를 찾아내고, 삶에서 끊임없이 마주하는 문제들을 해결해야 합니다. 인터넷에서 거의 모든 정보를 손쉽게 얻을 수 있는 시대, 사람들은 점점 더 깊게 생각하지 않는 경향이 있습니다. 하지만 개인의 성장과 인류의 발전은 언제나 기존 지식이 아닌, 그것들을 새롭게 연결하고 재해석하는 창의적 사고에서 시작됩니다.

요즘 전철이나 버스를 타면 대부분이 스마트폰 화면을 들여다보거나 이어폰으로 멀티미디어를 즐기고 있는 모습을 봅니다. 스마트기기와 기술은 놀라울 정도로 발전했습니다. 그러나 우리 뇌와 상상력이 그에 걸맞게 발전하고 있는지 의문이 듭니다. 스마트 기술이 빠르게 생활을 편리하게 만들고 있는 만큼, 상상력과 창의력은 자칫 뒤처질 위험이 있습니다.

삶을 진정으로 풍요롭게 만드는 것은 기계가 아닌 사고력입니다. 창의적이고 독창적인 아이디어는 새로움을 향한 열망에서 비롯됩니다. 깊이 사고하고, 자유롭게 상상하며, 기존의 틀을 넘어서려는 노력이야말로 우리를 더 높은 곳으로 이끌어주는 힘입니다. 상상력은 무한한 가능성을 열어줍니다. 그것이 바로 창조와 혁신의 시작입니다.

105

놀이공간을 만들어라

#놀이처럼일하기 #내면의어린아티스트 #창의적인작업공간

우리 내면의 어린 아티스트가 즐겁게 뛰놀도록 하는 최고의 방법은 노는 것처럼 일하는 것이다. 그림을 그린다는 것은 얼마나 달콤한 놀이인가! 게다가 귀엽게 깎은 60개나 되는 연필은 또 어떻고! 아직도 편리한 컴퓨터 대신 조랑말처럼 탁탁거리는 타자기를 쓰는 작가들이 많다. 작업공간이 놀이공간 같을 때 일이 가장 잘된다는 것을 그들은 알고 있기 때문이다.

_줄리아 카메론, 『아티스트 웨이』

"작업 환경을 즐거운 공간으로 바꿔보는 상상을 해 본 적 있나요?

어떤 상황이 연출될까요?"

기발함을 찾아라

#기발함 #당연함을부정하다 #평범한생각의차이

일반적인 당연함을 부정하는 것, 그것은 우리를 활동적이고 역동적이게 만든다. 사람들이 당연하다고 생각하던 정서를 뚫고 일어서는 생각, 우리는 그것을 기발함이라고 부른다. 기발함이란 특별한 생각을 말하는 것일까? 그렇지 않다. 기발함이란 '그때까지 다른 사람들이 생각하지 못하던 평범한 생각'이다.

_박용후, 『관점을 디자인하라』

"지금까지 당연하게 여긴 것 중 새롭게 볼 수 있는 것은 무엇일까요?"

107

사색가의 창조

#사색가 #창조적사고 #자기만의언어

사색가의 가장 큰 특징 중 하나는 세상이 정해놓은 그대로 세상을 바라보지 않는다는 사실이다. 그들은 모든 사물을 자신의 눈으로 바라보고 느낀 후, 자신의 언어로 정의한다. 때문에 그들에게 창조란 자신이 발견한 세상을 글이나 그림 혹은 음악의 형태를 빌려 그 틈 속으로 집어넣는 것을 의미한다.

_김종원, 『사색이 자본이다』

"세상을 어떤 방식으로 바라보고 정의하나요?"

무의식을 객관화하라

#무의식객관화 #자기성찰 #명상

무의식적인 생각은 우리의 상태를 결정한다. 무의식적으로 변해버린 생각의 고리를 끊기 위해서는 의식적인 노력을 해야 한다. 명상과 자기성찰을 통해서 자신의 무의식 속에 무엇이 있는지 들여다본다. 그리고 무의식 속에서 발견한 생각을 객관적으로 바라봄으로써 더 이상 습관적인 화학 반응물질이 만들어지지 않도록 해야 한다.

_조 디스펜자, 『꿈을 이룬 사람들의 뇌』

무의식을 자각하고 객관화해야
새로운 변화를 시작할 수 있습니다.

"명상이나 자기 성찰을 알게 되었을 때,

자신의 무의식 속에는 어떤 것들이 변화할까요?"

109

낯선 사람들을 찾아라

#안전지대 #독창성 #상상력

안전지대 바깥의 사람들과 어울려라. 비슷한 사람들하고만 어울리면 비슷한 의견만 듣게 된다. 한스 크리스티안 안데르센은 교도관과 수감자들의 이야기를 들으려고 정신병원에 갔다. 그런 이야기들은 상상력을 부채질했다. 이를 바탕으로 안데르센은 독창적이고 영감 넘치는 동화를 지어냈다.

_폴 슬론, 『크리에이터의 생각법』

"안전지대를 벗어나 다양한 사람과 어울렸던 경험이 있나요?

그 감정이 어떤 변화를 이끌었나요?"

기본이 없는 천재는 없다

#기본기 #창조력 #피카소

피카소가 주창한 입체화는 기존 화단의 입장에서는 도저히 용납될 수 없는 하나의 장난짓거리에 불과했다. 그러나 결국 장(場)은 그를 인정할 수밖에는 없는 상황에 이르게 되고, 10년을 주기로 작품 세계를 쇄신하는 놀라운 창조력을 보여주었다. 피카소에게서 발견할 수 있는 교육학적 관점은 어느 한 분야에서 아무리 뛰어난 재능을 가진 신동도 10년 가까이 기본을 철저하게 터득했다는 점일 것이다.

_하워드 가드너, 『열정과 기질』

"내가 이루고자 하는 목표에서 기본기를 익히는 데

얼마나 시간을 투자하고 있나요?"

111

"없음"에서 "있음" 만들기

#인내 #소중함 #꾸준함

많은 사람들이 1천을 구하는 나머지 하나를 경시하고 결국은 하나도 얻지 못하는 경우가 많다. 1천을 필요로 하는 당신은 1을 소중히 하지 않으면 절대 1천을 구할 수 없다. 하나를 만들기 위해서는 꾸준히 참는 인내력이 필요하다. 무에서부터 하나를 만들고 하나를 얻었을 때의 그 소중함을 배우게 되면 1천을 만드는 일은 생각보다 쉬울 것이다.

_M. 토케이어, 『몸을 굽히면 진리를 줍는다』

"큰 목표를 이루기 위해 어떤 작은 것들을 소중히 다루고 있나요?"

고독의 힘

#고독 #자기성찰 #자신감

어느 분야에서건 최고의 실적을 남긴 사람들 중에는 고독을 좋아하는 사람이 많다. 왜 일류들은 고독을 즐길까. 고독해야 자신의 과제가 무엇인지 또렷이 떠오르기 때문이다. 무리로 몰려다니면 자신의 약점이 적당히 감춰진다. 그래서 자신의 실력을 과대평가하게 된다. 정도의 차이는 있지만 회사원들은 백 퍼센트 자신을 과대평가하고 있다.

_센다 다쿠야, 『혼자 있어야 시작할 수 있다』

고독은 스스로를 진정으로
마주하게 만드는 힘입니다.

"고독 속에서 떠오른 중요한 통찰이나 아이디어는 무엇이 있었나요?"

필사로부터의 질문, 나를 알아가는 시간

백 년의 질문,
베스트셀러 필사노트

초판 1쇄 발행 2025년 3월 24일

지음 | **김태현**
편집 | **호혜정**
기획 | **김민아**
디자인 | **이선영**
교정교열 | **김민정 김수하**
마케팅 | **이지영 김경민**
펴낸곳 | **리텍 콘텐츠**
주소 | **서울시 용산구 원효로 162 세원빌딩 606호**
이메일 | **ritec1@naver.com**
홈페이지 | **http://www.ritec.co.kr**
ISBN | **979-11-86151-76-1 (03190)**

상상력과 참신한 열정이 담긴 원고를 보내주세요. 책으로 만들어 드립니다.
원고투고: ritec1@naver.com